LEARN TO PAY TAXES

新手学纳税

·全新职场案例版·

柳海燕◎编著

中国铁道出版社
CHINA RAILWAY PUBLISHING HOUSE

内 容 简 介

本书以讲故事的方式将公司纳税业务的各个方面一一道来，叙述细致，从一个刚刚入门的会计新手的角度，将会计的日常工作融入每一天的具体事例中，使读者可以跟着书中人物一起面对新手在纳税工作中可能遇到的问题，并共同想办法解决问题，从而提高自己的业务水平，成长为一个合格的财务人员。

全书从企业的角度出发，对各类税种进行介绍，理论结合实践，并配以大量的插图和实例，加上多年来总结的实战经验，可使读者从故事中学纳税，“从前辈的肩膀上站起来”。此外，本书还介绍了当今人们普遍关心的“房子”问题，并详细介绍了涉税、缴税问题，读者可以与作者一起分享“痛并快乐”的财务生活。

图书在版编目（CIP）数据

新手学纳税：全新职场案例版 / 柳海燕编著. —北京：中国铁道出版社，2017.9
ISBN 978-7-113-23412-6

Ⅰ.①新… Ⅱ.①柳… Ⅲ.①企业管理－纳税－中国 Ⅳ.①F812.423

中国版本图书馆 CIP 数据核字（2017）第 174331 号

书　　名：**新手学纳税（全新职场案例版）**
作　　者：柳海燕　编著

策　　划：王　佩　　**读者服务热线**：010-63560056
责任编辑：杨新阳
责任印制：赵星辰　　**封面设计**：MXK DESIGN STUDIO

出版发行：中国铁道出版社（北京市西城区右安门西街 8 号　　邮政编码：100054）
印　　刷：三河市华业印务有限公司
版　　次：2017 年 9 月第 1 版　　2017 年 9 月第 1 次印刷
开　　本：700mm×1000mm　1/16　**印张**：16.5　**字数**：237 千
书　　号：ISBN 978-7-113-23412-6
定　　价：45.00 元

PREFACE

前 言

本书伊始

本书从一个公司开始注册讲起，学习国家关于税务方面的各种规定，尤其是常见的几大税种（增值税、企业所得税、个人所得税、消费税等），都给出具体的纳税计算方法。

笔者在写作时，注意了如下几点。

（1）纳税工作本身比较枯燥，学习起来也是如此，因此本书在编写的过程中引入两个主人公，通过他们的对话，缓解枯燥的气氛，让读者阅读起来更加轻松愉悦。

（2）针对每个税种，都给出现实的案例，让读者能够模仿，直接应用于实际工作中。

（3）税务设计的规定比较多，如果大段文字阅读，会很乏味，因此笔者特意制作了很多图表，这样学习起来能更加快捷。

（4）对于关键章节，本书给出了若干习题，帮助读者巩固本章内容，提高对纳税知识的理解。

适合读者

- 中小企业老板，个体工商户。
- 会计相关从业人员。
- 企业中层管理者和项目经理。
- 会计专业的学生。

本书结构

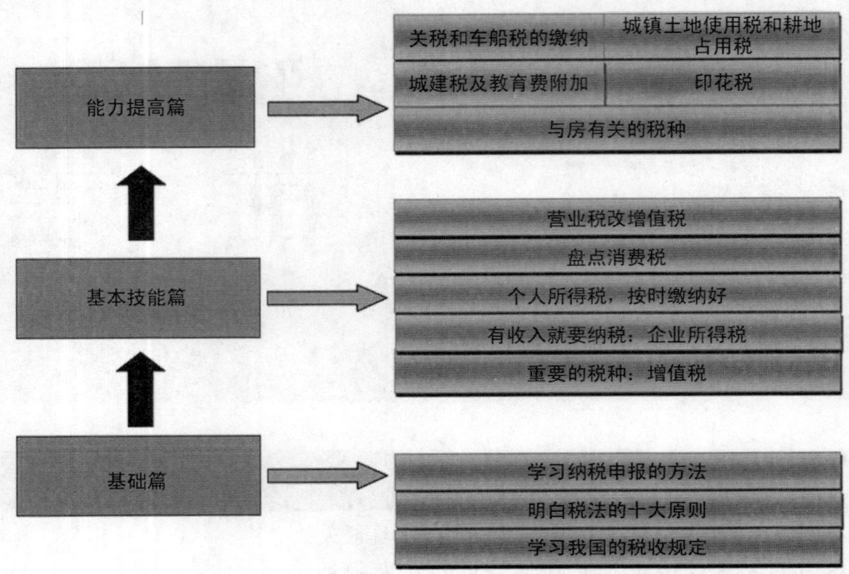

本书由滨州学院的柳海燕负责编写，全书共分为 11 章，介绍十多种常见的税务处理方法，具体章节内容如下。

第 1 章　公司开业，理解税务常识：作为本书的开篇，引入纳税的基本概念。

第 2 章　重要的税种：增值税，这是当前比较重要的一个税种，涉及多种行业，本书给出了不同行业的纳税计算方法。

第 3 章　有收入就要纳税：企业所得税：本章首先讲解了所得税的概念，然后针对一般收入和特殊收入分别进行了介绍。

第 4 章　个人所得税，按时缴纳：针对工资收入、劳务收入、稿费收入、财产租赁收入、奖金收入、加班费收入等项目，分别给出了计税方法。

第 5 章　盘点消费税：讲解了普通物品的消费税和奢侈品消费税的计税方法。

第 6 章　营业税改征增值税：针对运输业、娱乐业、文化体育业、农业、教育业等十多个行业，给出了相关的计税方法。

第 7 章　与房有关的税种：讲解了房产税、土地增值税、契税的征收办法，同时也介绍了房产税的一些特殊规定。

第 8 章　城建税及教育费附加：讲解了城建税及教育费附加的计算方法。

第 9 章　印花税：讲解了印花税的征收办法、优惠政策与处罚方法。

第 10 章　关税和车船税的缴纳：讲解了进口货物的纳税方式，也就是关税的计算方法。

第 11 章　城镇土地使用税和耕地占用税：讲解了城镇土地使用税和耕地占用税的计算方法。

本书的人物介绍

侯经理

公司的老板

也就是总经理，掌握公司大权，想把企业做大，但是自己不懂财务知识，于是请资深杨会计来帮忙。

杨会计

财务牛人

有多年的会计经验，对企业纳税一门清，经常为侯经理出谋划策。

浩子

会计新手

本书的主角，所有的税务工作都是围绕他来展开的。在本书中，他遇到了很多问题，有时候也会迷茫，不知道该怎么办，这时杨会计都会及时出现，帮他排忧解难。

CONTENTS

目　录

第 1 章　公司开业，理解税务常识

表索引

第 2 章　最重要的税种：增值税

表索引

第 3 章 有收入就要纳税：企业所得税

表索引

第 4 章 个人所得税，按时缴纳好

表索引

第 5 章 盘点消费税

表索引

第 6 章 营业税改征增值税

第 7 章 与房有关的税种

表索引

第 8 章　城建税及教育费附加

表索引

第 9 章　印花税

表索引

第 10 章 关税和车船税的缴纳

表索引

第 11 章 城镇土地使用税和耕地占用税

表索引

CHAPTER

1 公司开业，理解税务常识

大家都知道开公司赚钱。也不知道是谁吹的这股风，正好就进了侯经理的耳朵里，他正愁着没事干呢！一听此言，侯经理就高兴地筹备起开公司的事了。一个月以后，名叫“猴王”的公司成立了。

可是，没几天侯经理就遇到大问题：连一些最基本的税务常识侯经理都不懂。可是侯经理脑袋转得快，很快就从朋友那儿知道了杨会计精通税务，就火急火燎地去找杨会计帮忙。

1.1 公司成立应交什么税

侯经理 杨会计，我们的公司刚成立，应该注意什么呢？

杨会计 你先招聘一名会计吧。我可以帮你参谋参谋。

说干就干，很快就招聘到刚毕业的浩子。侯经理和杨会计一致认为浩子聪明机智，行事严谨，所以录用了浩子。但是，浩子是新手，在学校学习了理论，但没有实践经验，因此，还得再麻烦杨会计带一带。

杨会计 （对浩子说）不会没关系，只要你用心去学，我可以帮你。我先给你说说公司刚成立需要注意的事情！

（1）企业领取工商营业执照后，应在 30 日内进行税务登记，由税务机关核发税务登记证及副本。在取得税务登记证后，主管税务机关根据纳税人的生产经营项目，进行税种、税目、税率的鉴定，由纳税人填写纳税人税种登记表，如表 1.1 所示。

表1.1 纳税人税种登记表

纳税人识别号

纳税人名称：　　　　　　　　　　　　　　法定代表人：

<table>
<tr><td colspan="6">一、增值税：</td></tr>
<tr><td rowspan="2">类别</td><td rowspan="2">1.销售货物□
2.加工　　□
3.修理修配□
4.其他　　□</td><td rowspan="2">货物或项目名称</td><td>主营</td><td colspan="2"></td></tr>
<tr><td>兼营</td><td colspan="2"></td></tr>
<tr><td colspan="2">纳税人认定情况</td><td colspan="4">1.增值税一般纳税人□　2.小规模纳税人□　3.暂认定增值税一般纳税人□</td></tr>
<tr><td colspan="2">经营方式</td><td colspan="4">1.境内经营货物□　2.境内加工修理□　3.自营出口□　4.间接出口□
5.收购出口□　6.加工出口□</td></tr>
<tr><td colspan="6">备注：</td></tr>
<tr><td colspan="6">二、消费税：</td></tr>
<tr><td>类别</td><td>1. 生产　　□
2. 委托加工□
3. 零售　　□</td><td colspan="2">应税消费品名称</td><td colspan="2">1.烟□　2.酒及酒精□　3.化妆品□　4.护肤、护发品□
5.贵重首饰及珠宝玉石□　6.鞭炮、烟火□　7.汽油□
8.柴油□　9.汽车轮胎□　10.摩托车□　11.小汽车□</td></tr>
<tr><td colspan="2">经营方式</td><td colspan="4">1.境内销售□ 2.委托加工出口□ 3.自营出口□ 4.境内委托加工□</td></tr>
<tr><td colspan="6">备注：</td></tr>
<tr><td colspan="6">三、营业税：</td></tr>
<tr><td rowspan="2">经营项目</td><td>主营</td><td colspan="4"></td></tr>
<tr><td>兼营</td><td colspan="4"></td></tr>
<tr><td colspan="6">备注：</td></tr>
<tr><td colspan="6">四、企业所得税、外商投资企业和外国企业所得税：</td></tr>
<tr><td colspan="2">法定或申请纳税方式</td><td colspan="4">1.按实纳税□ 2.核定利润率计算纳税□ 3.按经费支出换算收入计算纳税□
4.按佣金率换算收入纳税□ 5.航空、海运企业纳税方式□ 6.其他纳税方式□</td></tr>
<tr><td colspan="2">非生产性收入占总收入的比例（%）</td><td colspan="4"></td></tr>
<tr><td colspan="6">备注：季度预缴方式：1.按上年度四分之一□ 2.按每季度实际所得□</td></tr>
<tr><td colspan="6">五、城市维护建设税：1.市区□　2.县城镇□　3.其他□</td></tr>
<tr><td colspan="6">六、教育费附加：</td></tr>
<tr><td colspan="6">七、其他费用：</td></tr>
</table>

以上内容纳税人必须如实填写，如内容发生变化，应及时办理变更登记。

（2）税务机关对有关资料进行审核，或现场调查之后，对纳税人的税种、税目、税率、纳税期限、纳税方法等进行确认。书面通知纳税人认定结果，以此作为纳税依据。

【例 1】以爱森公司为例，其经营范围如下。一般经营项目：技术开发、技术推广、技术转让、技术咨询、技术服务；计算机技术培训；计算机系统服务；数据处理；计算机维修；基础软件服务；应用软件服务；销售自行开发后的产品、计算机、软件及辅助设备（未取得行政许可的项目除外）。因为爱森公司又申请了一般纳税人资格，所以其所核定的税种就是增值税为 17%，城建税为 7%，教育费附加为 3%，企业所得税为 25%，季度预缴。以上是其公司纳税结果。

杨会计 看你这么好学，我就把以前整理好的税法知识的草稿都给你，你好好看看。

浩子看着杨会计给的草稿，大概总结一下，我国税收的分类如图 1.1 所示，税法制定的部门如图 1.2 所示。

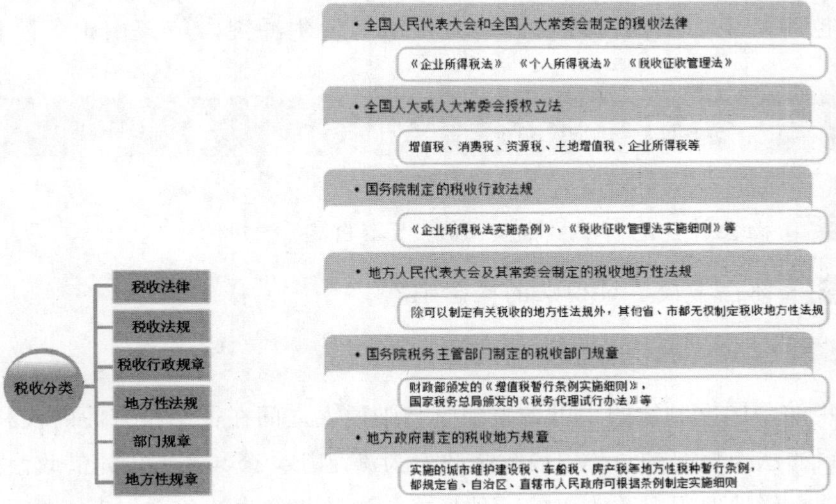

图 1.1 我国税收的分类

图 1.2 税法制定的部门

具体税法分类如表 1.2 所示。

表 1.2 税法分类

分 类	立 法 机 关	形 式	举 例
税收法律	全国人大及常委会正式立法	三部法律	《企业所得税法》、《个人所得税法》、《税收征收管理法》

续表

分　类	立法机关	形　式	举　例
	全国人大及其常委会授权立法	暂行条例	《增值税暂行条例》 《消费税暂行条例》
税收法规	国务院——税收行政法规	条例、暂行条例、实施细则	《税收征收管理法实施细则》、《房产税暂行条例》等
	地方人大（目前只有海南省、民族自治区）——税收地方法规		—
税收规章	财政部、税务总局、海关总署——税收部门规章	办法、规则、规定	《增值税暂行条例实施细则》、《税收代理试行办法》等
	省级地方政府——税收地方规章		《房产税暂行条例实施细则》等

如果部门规章和地方性法规发生冲突，国务院认为应该适用地方法规的，执行地方法规。国务院认为应该适用部门规章的需申请全国人大批准。也就是说如果部门规章和地方性法规发生冲突，应该由国务院裁定。

1.2　明白税法的含义

浩　子 杨会计，您什么都懂，真像一本百科全书呀！

杨会计 你在学校学过税法的概念吧？

浩　子 学过。我现在还记得呢！

税法是国家制定的用以调整国家与纳税人之间在征纳税方面的权利及义务关系的法律规范的总称。税收是政府为满足社会公共需要，凭借政治权力，强制、无偿地取得财政收入的一种形式。税法与税收的关系如表 1.3 所示。

表 1.3　税法与税收的关系

概　念	含　义	特　征
税收	税收是政府为了满足社会公共需要，凭借政治权力，强制、无偿地取得财政收入的一种形式	无偿性（核心） 强制性（保障） 固定性
税法	税法是国家制定的用以调整国家与纳税人之间在征纳税方面的权利及义务关系的法律规范的总称	1. 义务性法规 2. 综合性法规
税法与税收关系：税收的本质特征具体体现为税收制度，而税法则是税收制度的法律表现形式 税收与税法密不可分，有税必有法，无法不成税		

税法的主要功能如图 1.3 所示。

1. 税法是国家组织财政收入的法律保障。
2. 税法是国家宏观调控经济的法律手段。
3. 税法对维护经济秩序有重要的作用。
4. 税法能有效地保护纳税人的合法权益。
5. 税法是维护国家利益，促进国际经济交往的可靠保证。

图 1.3　税法的主要功能

1.3　税法的十大原则

看浩子的理论学得挺扎实的，杨会计不忘提醒浩子。

杨会计　税法的基本原则和构成要素，你千万记住要将它们分清楚。

浩　子　嗯，我先理理思路。

税法的基本原则如表 1.4 所示。

表 1.4　税法的基本原则

两类原则	具体原则	要　点
税法的基本原则（4个）	1．税收法定原则	内容包括税收要件法定原则和税务合法性原则
	2．税收公平原则	税收负担必须根据纳税人的负担能力分配，负担能力相等，税负相同
	3．税收效率原则	指尽可能少的人力、物力、财力消耗取得尽可能多的税收收入，并通过税收分配促使资源合理有效的配置。
	4．实质课税原则	应根据客观事实确定是否符合课税要件，并根据纳税人的真实负担能力决定纳税人的税负，而不能仅考虑相关外观和形式
税法的适用原则（6个）	1．法律优位原则	（1）含义：法律的效力高于行政立法的效力 （2）作用：主要体现在处理不同等级税法的关系上 （3）效力低的税法与效力高的税法发生冲突，效力低的税法即是无效的
	2．法律不溯及既往原则	（1）含义：一部新法实施后，新法实施之前人们的行为不得适用新法，而只能沿用旧法 （2）目的：维护税法的稳定性和可预测性

续表

两类原则	具体原则	要　点
税法的适用原则（6个）	3．新法优于旧法原则	（1）含义：新法、旧法对同一事项有不同规定时，新法的效力优于旧法 （2）作用：避免因法律修订使新法、旧法对同一事项有不同的规定而给法律适用带来的混乱
	4．特别法优于普通法原则	（1）含义：对同一事项两部法律分别有一般和特别规定时，特别规定的效力高于一般规定的效力 （2）应用：特别法地位级别较低的税法，其效力可以高于作为普通法的级别较高的税法
	5．实体从旧、程序从新原则	（1）实体税法不具备溯及力 （2）程序性税法在特定条件下具备一定的溯及力
	6．程序优于实体原则	（1）含义：在诉讼发生时税收程序法优于税收实体法适用 （2）目的：确保国家课税权的实现，不因争议的发生而影响税款的及时、足额入库

1.4　税法的构成要素

税法的构成要素一般包括总则、纳税义务人、征税对象、税目、税率、纳税环节、纳税期限、纳税地点、减税免税、罚则、附则等项目。其中主要要素如下。

（1）纳税人

①概念：税法规定的直接负有纳税义务的单位和个人。

②范围：自然人和法人；居民纳税人和非居民纳税人。

（2）税目：在税法中对征税对象分类规定的具体的征税项目，反映具体的征税范围，是对课税对象质的界定。

（3）税率：对征税对象的征收比例或征收额度，是计算税额的尺度，也是衡量税负轻重与否的重要标志。我国税率形式如表1.5所示。

表 1.5　税率形式

税率形式	含　义	应　用
比例税率	即对同一征税对象，不分数额大小，规定相同的征收比例	（1）单一比例税率（如增值税） （2）差别比例税率（如城市维护建设税）
累进税率	征税对象按数额（或相对率）大小分成若干等级，每一等级规定一个税率，税率依次提高；每一纳税人的征税对象则依所属等级同时适用几个税率分别计算，将计算结果相加后得出应纳税额	（1）超额累进税率（如个人所得税中的工资薪金所得） （2）超率累进税率（如土地增值税）
定额税率	按征税对象确定的计算单位，直接规定一个固定的税额	如资源税、城镇土地使用税、车船税等

（4）纳税环节：指税法规定的关于税款由哪个环节缴纳的限定。

（5）纳税期限：指税法规定的关于税款缴纳时间方面的限定。

在我国，税法最早起源于夏朝，1950 年新中国税法建立。经过多年的调整和规范，因征税对象的不同，目前我国税法按征税对象不同分为流转税、所得税、财产和行为税、资源税和特定目的税五大类，如图 1.4 所示。

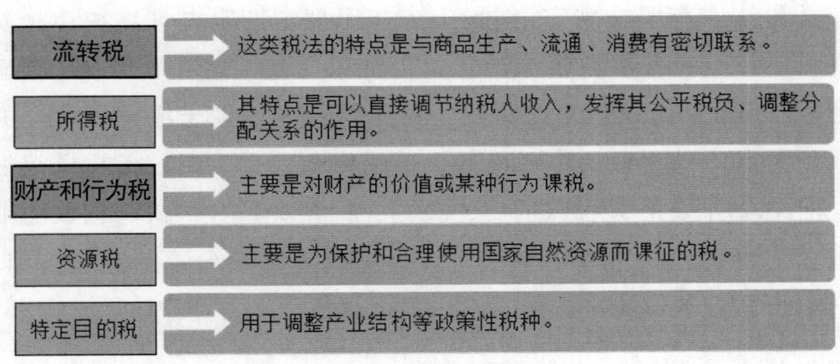

图 1.4　我国税种分类的作用

总结各个税种如表 1.6 所示。

表 1.6 税种分类

主要税种	流转税类（间接税）	包括增值税、消费税、关税
	所得税类（直接税）	包括企业所得税、个人所得税
非主要税种	财产和行为税类	包括房产税、车船税、印花税、契税
	资源税类	包括资源税、土地增值税、城镇土地使用税
	特定目的税类	包括固定资产投资方向调节税（暂缓征税）、筵席税、城市维护建设税、车辆购置税、耕地占用税、烟叶税

浩子总结完，杨会计很高兴。

杨会计 不错，不错，潜力很大，继续努力呀！

1.5 一定要“按时”交税

浩　子 杨会计，我忘记交税了，怎么办呢？

这一个月浩子很忙，都把最主要的事给忘了。

杨会计 什么？你不知道，国家对纳税要求挺严格的！你怎么会忘交税呢？而且税法中有明文规定：纳税人未按照规定期限办理纳税申报及报送税务资料的，由税务机关责令改正，可处以 2 000 元以下罚款，情节严重的可处以 2 000～10 000 元的罚款。如果纳税人逾期未缴纳税款，并采取转移或隐匿财产的手段，妨碍税务机关追缴欠税的，由税务机关追缴所欠税款、滞纳金并处所欠税款的 50%以上 5 倍以下的罚款。构成犯罪的，依法追究刑事责任。所以说知法对会计来说非常重要。（杨会计一口气说出了它的严重性）

得知后果这么严重，浩子吓坏了。

浩　子 我这不能算是偷税吧？我只是一时疏忽啊。

杨会计 偷税的说法已经是历史，现在称为“逃避缴纳税款”。法律规定，逃税罪是指纳税人采取欺骗、隐瞒手段进行虚假纳税申报或者不申报，逃避缴纳税款数额较大的行为。就算你不是逃避缴纳税款，你也应该知道它

的严重性，给你打打预防针吧！纳税人采取欺骗、隐瞒手段进行虚假纳税申报或者不申报，逃避缴纳税款数额较大并且占应纳税额 10%以上的，处 3 年以下有期徒刑或者拘役，并处罚金；数额巨大并且占应纳税额 30%以上的，处 3 年以上 7 年以下有期徒刑，并处罚金。企业可以避税，但要有法可依，不能违反法律规定。这一点作为财务工作者一定要牢记啊。

浩　子 还好，还好，我是不小心，我去给税务人员送点东西，求他帮帮忙就行了吧！（浩子扬扬得意地自以为找到了好方法）

杨会计 你别聪明反被聪明误呀！你这是行贿。你知道吗？这是犯法的。税法中还有关于行贿的处罚，纳税人向税务人员行贿，不缴或少缴税款的，依行贿罪追究刑事责任，并处不缴或少缴税款 5 倍以下罚金。另外骗税是指纳税人以假报出口或者其他欺骗手段，骗取国家出口退税款的行为。依税收征管法规定，由税务机关追缴其骗税取得出口退税款，并处骗税款的 1 倍以上 5 倍以下罚款。构成犯罪的处 5 年以下有期徒刑或拘役。

杨会计一口气讲完纳税人的法律责任。

浩　子 难道我们就只有法律义务吗？

杨会计 法律在规定我们必须履行的义务的同时也赋予我们权利。纳税义务人的权利主要有多缴税款申请退还权、延期纳税权、依法申请减免税权、申请复议和提起诉讼权等。其义务主要是按税法规定办理税务登记、进行纳税申报、接受税务检查、依法缴纳税款等。

杨会计看浩子那么紧张，也安慰浩子。

杨会计 这次既然你不是故意的，就去找税管员了解一下情况吧，该罚款的接受罚款吧！

浩　子 我……（吞吞吐吐地）

杨会计 你跟我走吧！这次帮你解决，下次你可别再犯同样的错。要记住教训，知道吗？（给浩子敲敲警钟）

浩　子 您放心吧！我一定吸取教训。

1.6 税种记清楚，纳税申报好

杨会计 浩子，来公司这么长时间，那些最基本的税，你应该都明白，也都会算了。

浩　子 杨会计，这得感谢您的悉心指导。

杨会计 我今天就给你讲一下你在学校学不到的知识吧。

1.6.1 国税、地税细细讲

杨会计 我国的税收分为中央税和地方税及中央地方共享税。中央税、中央与地方共享税及全国统一实行的地方税的立法权集中在中央，以保证中央政令统一，维护全国统一市场和企业平等竞争。我国依法赋予地方适当的地方税收立法权。所以就形成了国税（国家税收）和地税（地方税收）。总的来说就是税由谁来征收的问题。

听到这里，浩子感到疑惑，因为他只知道税种的分类，至于中央税和地方税怎么划分都不了解。

杨会计看出浩子的疑问，接着往下说。

杨会计 中央政府与地方政府的税收收入是这样划分的（见图 1.5）。

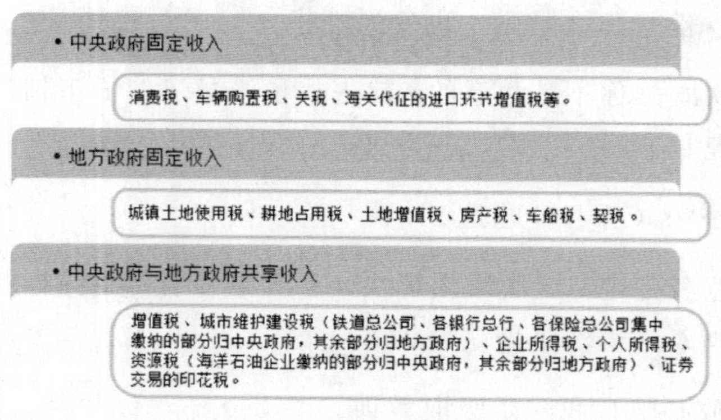

图 1.5　中央政府与地方政府的税收收入划分

国税与地税的划分，具体总结如表 1.7 所示。

表 1.7 税务机关的税收管辖权

征收机关	税种
国税	增值税、消费税、车辆购置税、企业所得税等
地税	城建税（国税局征的除外）、企业所得税、个人所得税、资源税、城镇土地使用税、土地增值税、房产税、车船税、印花税等
地方财政	地方附加、耕地占用税
海关	关税、行李和邮递物品进口税、进口环节增值税和消费税

通过征收管辖权的分类表，对于国税与地税的划分，我们就非常清楚了。

1.6.2 国税申报示范

（1）建立新用户

下面是国税申报流程，大家来跟着杨会计的演示，实际操作一下。

纳税人应在次月 1 日到 15 日内自行或委托社会中介机构到所在国税机关办税服务厅纳税申报窗口办理纳税申报。下面以“用户名口令用户”为例，介绍网上纳税申报流程。

01 下载申报软件。进入北京市国家税务局网 http://www.bjsat.gov.cn/bjsat/，如图 1.6 所示。

图 1.6 北京市国家税务局

02 单击“网上办税”→“网上申报”按钮，进入网上纳税申报页面，如图 1.7 和图 1.8 所示。

03 单击“点击下载”按钮，进入下载对话框，如图 1.9 所示。

图 1.7　网上申报

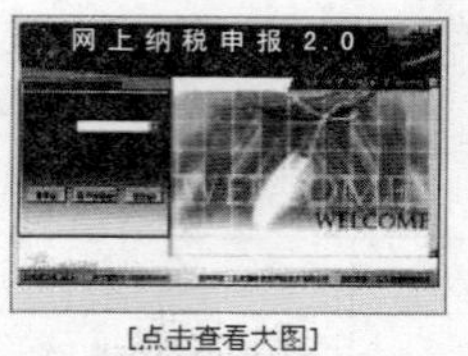

图 1.8　下载

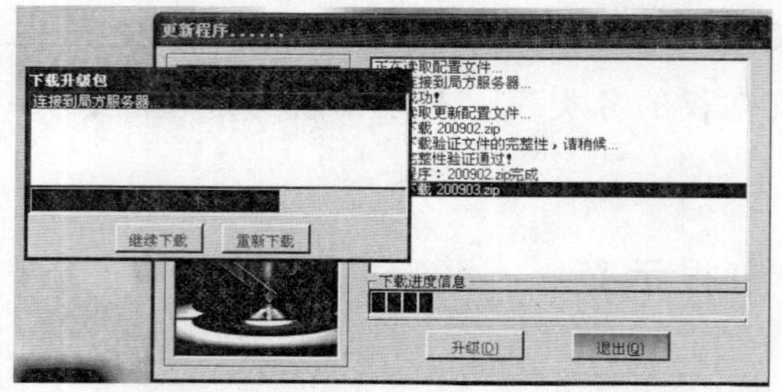

图 1.9　进行下载

04 下载完成后，出现如图 1.10 所示的界面，在“纳税人识别号”下拉列表框中选择纳税人识别号，然后单击“用户管理”按钮。

05 在进入的对话框中，单击“新建用户”按钮，如图 1.11 所示，自动弹出“纳税声明”对话框。

图 1.10　用户管理

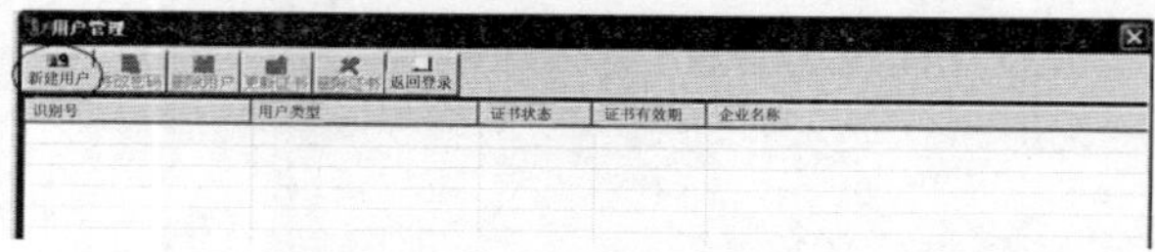

图 1.11　新建用户

06 阅读系统声明的内容后，单击“同意”按钮，如图 1.12 所示。

07 之后，自动弹出“添加用户”对话框，该对话框中有申报方式选择、纳税人识别号的填写及登录密码设置。

（1）申报方式选择：如果用户在税务大厅申请了免费的用户名口令登录方式或 IC 卡转网上申报，可选择“用户名口令用户”。

（2）本地登录密码：即用户使用网上报税系统时自己设置的登录密码。

（3）登录密码确认：要求和“本地登录密码”内容一致。

（4）填写完成后，单击“建立用户”按钮，如图 1.13 所示。

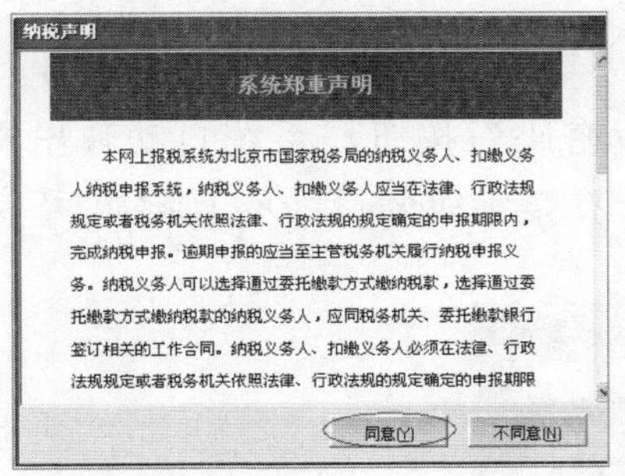

图 1.12 单击“同意”按钮

图 1.13 建立用户

08 之后系统会弹出提示信息对话框，单击“是”按钮，如图 1.14 所示。

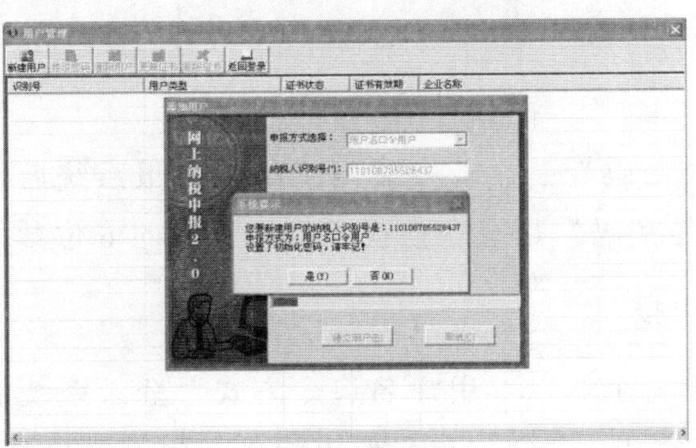

图 1.14 系统提示对话框

09 在弹出的页面中输入交易密码，如图 1.15 所示。交易密码即企业在税务大厅申请使用免费的“用户名口令”登录方式时，在税务大厅里设置的密码。

10 输入完成后，单击“确定”按钮，完成新建用户，如图 1.16 所示。

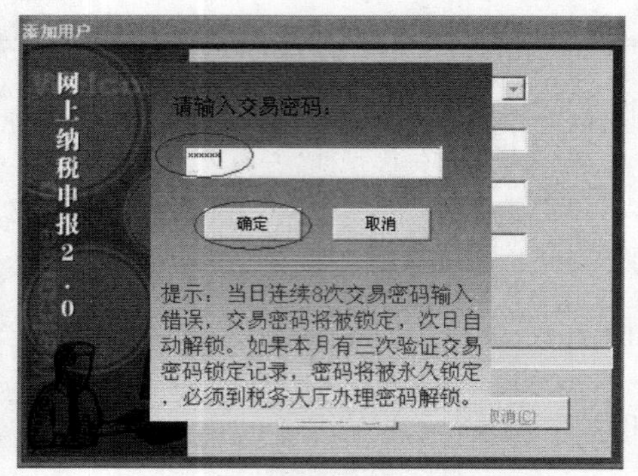

图 1.15　输入密码

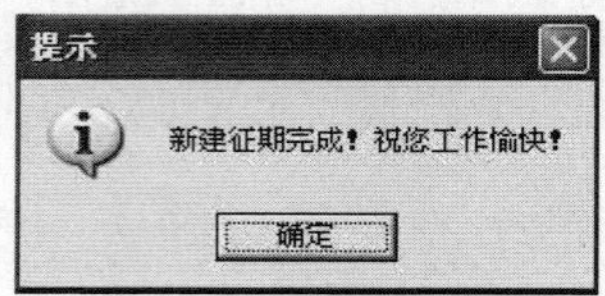

图 1.16　完成新建用户

（2）修改交易密码

在“用户管理”界面中单击“修改密码”按钮，系统自动弹出操作窗口，如图 1.17 所示。此窗口包括修改登录密码和修改交易密码。

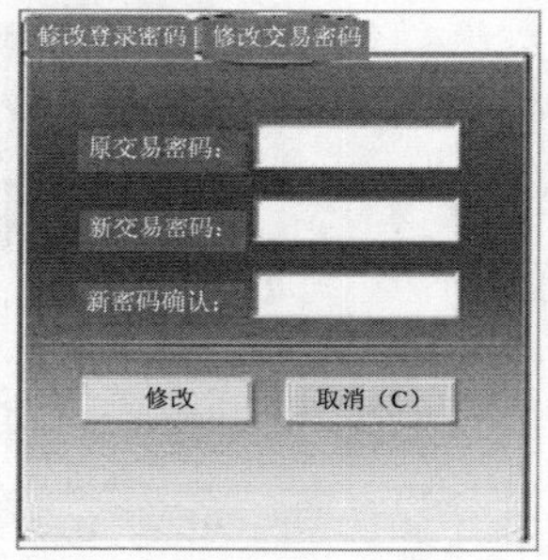

图 1.17　修改交易密码界面

“本地登录密码”是企业安装网上纳税申报系统后，新建用户时设置的密码。“交易密码”是企业在税务大厅设置的 6 位数字密码。

（3）填写申报表

01 下载申报表。企业以“用户名口令方式”登录系统后，系统会自动下载当前征期的报表，并弹出窗口要求输入与服务器交互的交易密码，如图 1.18 所示。交易密码即为企业在税务大厅设置的 6 位数字密码。输入密码之后单击“确定”按钮，进入报表页面填写报表。

02 上传申报表。填完报表后上传报表时，系统要求用户录入交易密码，如图 1.19 所示。交易密码为企业在税务大厅设置的 6 位数字密码。单击

“确定”按扭，进行报表申报。

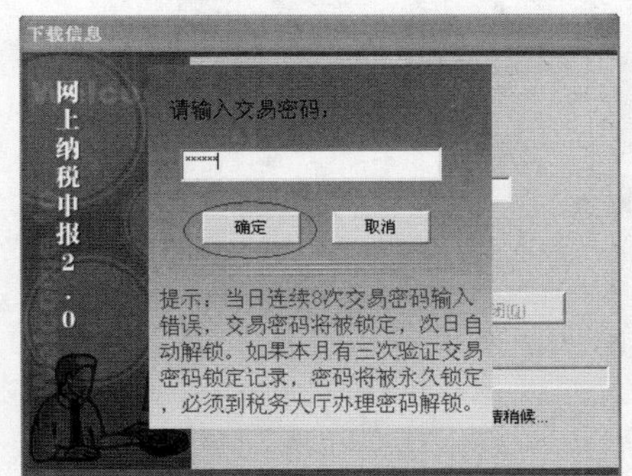

图 1.18　填写报表

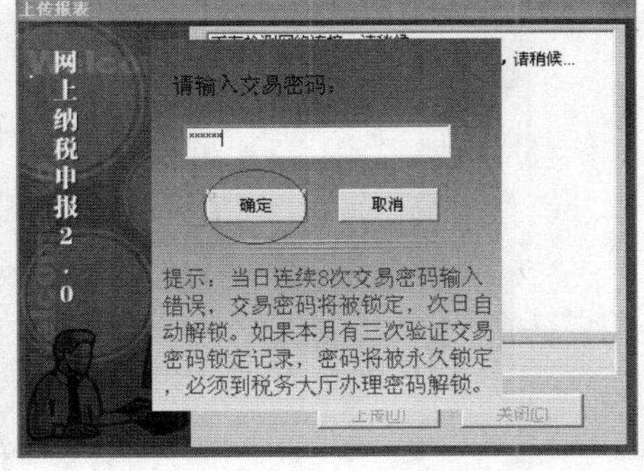

图 1.19　上传报表

03 申报资料上传完成后，可打印税收缴款书，已办理三方协议的企业可在申报后直接划款交税；没有办理三方协议的企业，须持税收缴款书到所在银行基本户交税。

（4）其他操作

其他操作如新建报表、填写报表、打印报表、查询缴款凭证、税库银联网扣款、数据备份与恢复等，与数字证书登录方式操作方法一致。

具体操作说明，登录网上纳税申报系统后，可选择“帮助”→“系统帮助”命令，在弹出窗口中的“第五章　软件功能使用说明”中有详细的说明。

1.6.3　地税申报示范

杨会计 地税申报相比国税申报要简单很多，直接登录地税局网站，通过网上操作来完成。

杨会计开始示范地税申报流程，大家跟着浩子一起看看。

地税综合申报主要包括：城市维护建设税、教育费附加、个人所得税、文化事业建设税等。

01 进入“北京市地方税务局”网站 http://www.tax861.gov.cn，在首页的中间部分单击“纳税申报”按钮，如图 1.20 所示。

图 1.20　北京市地方税务局首页

02 在进入的页面中，单击“纳税申报”按钮，如图 1.21 所示。

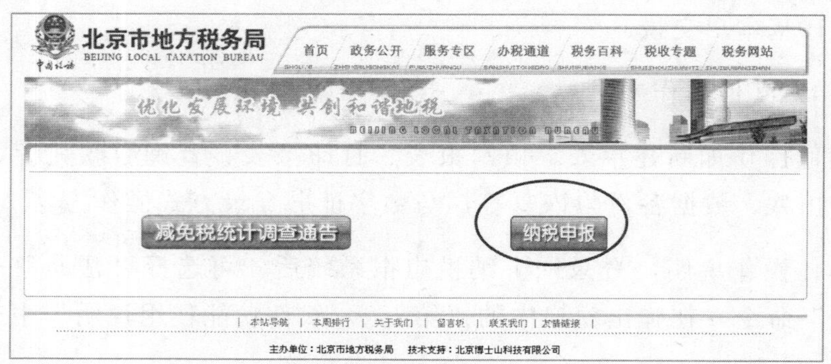

图 1.21　单击“纳税申报”按钮

03 在进入的页面中，使用密码申报的用户，单击左侧栏“用户名方式”；使用证书方式的用户单击右侧栏“证书方式”，如图 1.22 所示。

04 输入计算机代码、密码后，单击“登录”按钮，在进入的页面中选择“网上纳税服务”→“网上纳税申报”→“企业综合申报”命令，如图 1.23 所示。

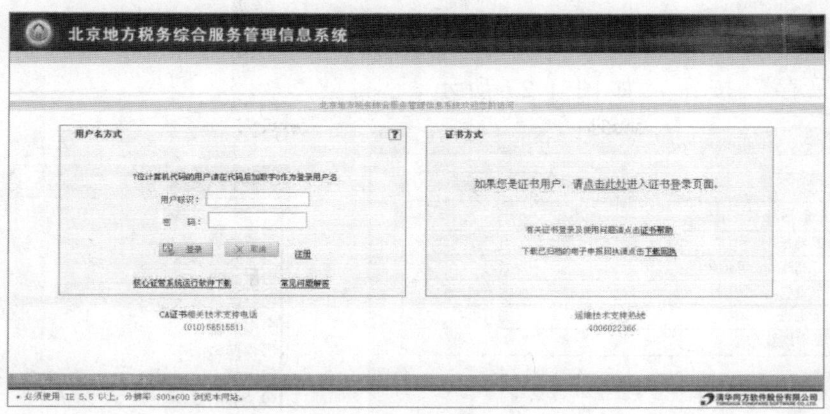

图 1.22　选择登录方式

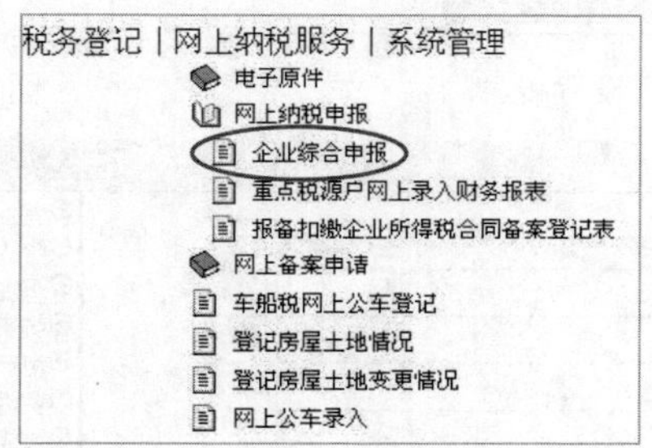

图 1.23　选择企业综合申报

05 进入如图 1.24 所示的页面，纳税人可根据企业情况选择“有税申报”或者“无税申报”。

图 1.24　进行有税或无税申报选择

1.6.4　地税申报的延续：有税申报

杨会计 在前面章节操作时，要根据企业当月是否有税申报来选择不同的选题，下面讲讲有税申报的操作。

01 单击“有税申报”按钮，进入常用税目页面，单击“设置常用税目”按钮，如图 1.25 所示。然后在右侧的“选择税目”栏中根据企业情况选择常用的税目，如图 1.26 所示。

02 根据企业自身情况，在常用项目中勾选相应的常用税目后，单击“保存”按钮，如图 1.27 所示。

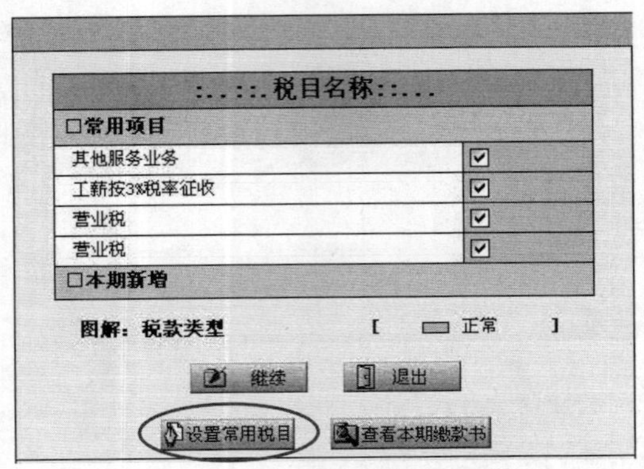

图 1.25　设置税种

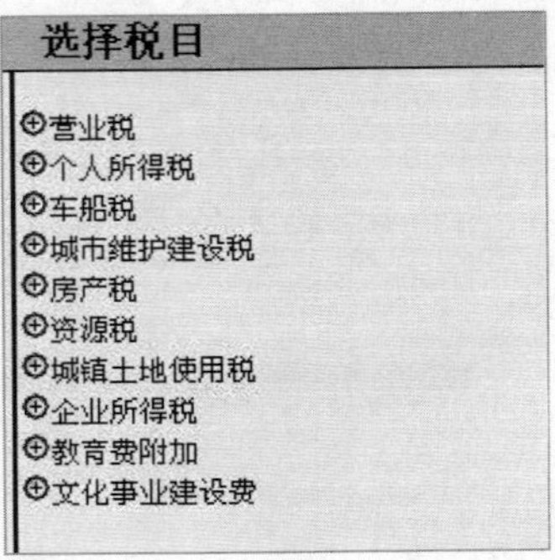

图 1.26　常用税种选择

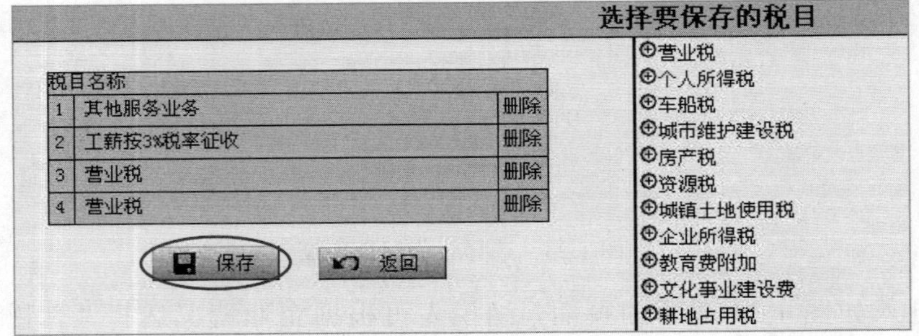

图 1.27　保存税种

03 保存成功后返回“设置常用税目”界面。单击“继续”按钮，然后输入申报金额后，依次单击“保存并生成缴款书”→“确定”按钮，如图 1.28 所示。

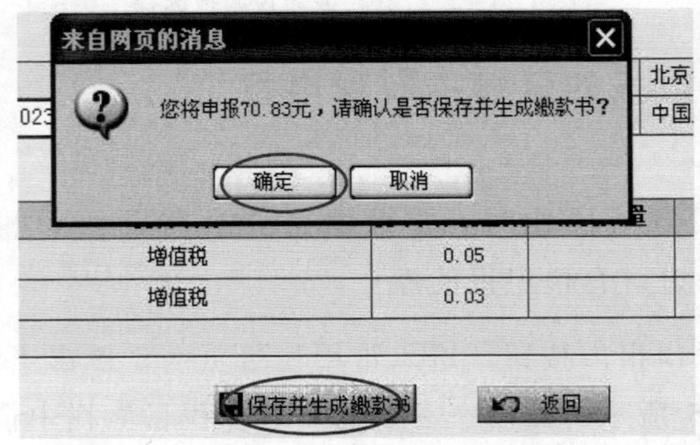

图 1.28　进行申报

04 申报完毕后，可单击“查看缴款书”按钮，如图 1.29 所示。

图 1.29 查看缴款书

申报完成后，打印电子缴款书，已办理三方协议的企业直接在网上划款交税，尚未办理三方协议的企业须持税收缴款书到所在银行基本户交税。

1.6.5 无税申报

无税申报的操作更简单，请大家跟着浩子一起看下面的演示吧。

01 在图 1.24 所示的页面中，依次单击“无税申报”→“保存”→“确定”按钮，如图 1.30 所示。

02 保存成功后，即申报完成，如图 1.31 所示。

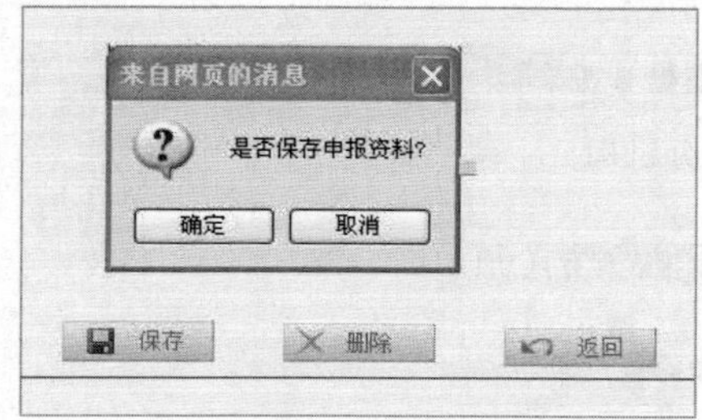

图 1.30 保存申报

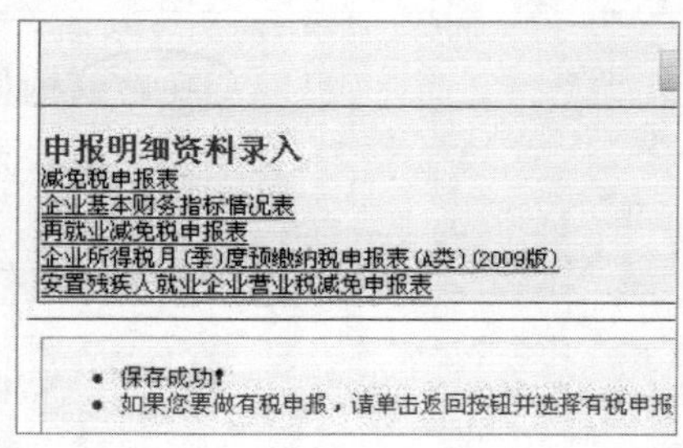

图 1.31 申报完成

03 所得税在地税申报的用户，单击“申报明细资料录入”下的“企业所得税月（季）度预缴纳税申报表（A 类）（2009 版）”超链接，如图 1.32 所示。

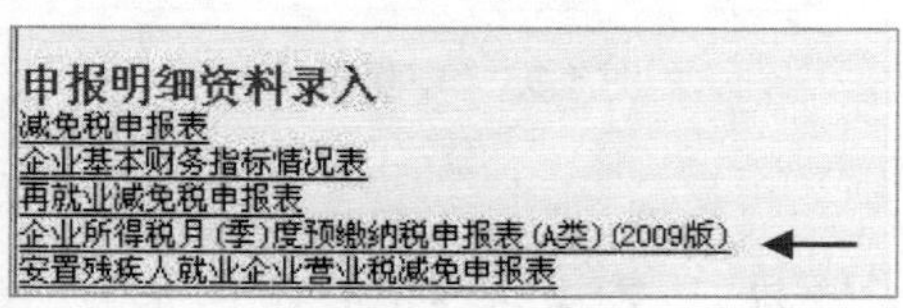

图 1.32 企业所得税

04 在报表页面中根据季度末的财务报表，填写“营业收入”“营业成本”“实际利润额”等，如图 1.33 所示。填写完毕单击“保存”按钮，如图 1.34 所示，申报完成。地税申报成功页面如图 1.35 所示。

纳税方法:	⊙独立纳税 ○汇总纳税	○总机构 ○分支机构

行次	项目	本期金额	累计金额
1	一、据实预缴		
2	营业收入	---	0.00
3	营业成本	---	0.00
4	实际利润额	---	0.00
5	税率（25%）	---	25.00 %
6	应纳所得税额（4行×5行）	---	0.00
7	减免所得税额	---	0.00
8	实际已缴所得税额	---	0.00
9	应补（退）的所得税额（6行-7行-8行）	---	0.00

图 1.33　输入具体的财务数据

17	总分机构纳税人			
18	总机构 （注：当总分机构税率不一致时，18-20行公式不成立。）	总机构应分摊的所得税额（9行或14行或16行×25%）	---	
19		中央财政集中分配的所得税额（9行或14行或16行×25%）	---	
20		分支机构分摊的所得税额（9行或14行或16行×50%）	---	
20.1		其中：总机构缴纳其独立生产经营部门分摊的所得税额	---	
21	分支机构	分配比例	---	
22		分配的所得税额（20行×21行）	---	

图 1.34　总分机构

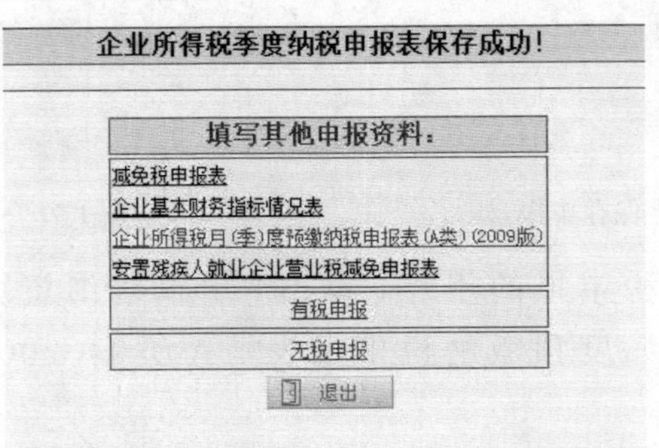

图 1.35　申报成功

温馨提示

关于纳税申报情况，笔者是根据自己的工作总结的，如果有欠妥当的地方，以税务网站上的具体操作为准。

在杨会计的演示下，浩子渐渐知道该如何操作，接下来就靠浩子在工作中实践运用了。浩子来公司的这段时间，在杨会计的指导下，浩子的会计工作也慢慢上手了。

1.7　经验总结

纳税是每个公民的义务，尤其是公司的领导和财务人员，一定要将它当作公司的头等大事看待。月底、季度末还有年底是纳税申报的关键时间点，如果忘记纳税，就会受到严厉的处罚。

CHAPTER

2 最重要的税种：增值税

“喂！侯经理，公司成立都小半年了，浩子干得怎么样呀？”杨会计接到侯经理的电话就先问了这么一句。

侯经理苦笑着说，“你来公司看看，不就知道了吗？”

2.1 专门介绍增值税

浩子看见杨会计时非常激动。

杨会计 又遇到什么困难了？

浩子疑惑地将手里的票据递给了杨会计。

杨会计 这样吧！我先讲讲增值税的概念，然后再给你解释跟它有关的发票。

增值税是对销售货物或者提供加工、修理修配劳务及进口货物的单位和个人，就其实现的增值额征收的一个税种。增值税已经成为我国最主要的税种之一，增值税的收入占我国全部税收的 60%以上，是最大的税种。增值税由国家税务局负责征收，税收收入中 75%为中央财政收入，25%为地方收入。进口环节的增值税由海关负责征收，税收收入全部为中央财政收入。2011 年 10 月 31 日，财政部公布财政部令，增值税起征点有较大幅度上调。解释如下。

（1）货物：指有形动产，包括电力、热力、气体在内。

（2）加工：指受托加工货物，即委托方提供原料及主要材料，受托

方按照委托方的要求，制造货物并收取加工费的业务。

（3）修理修配：指受托对损伤和丧失功能的货物进行修复，使其恢复原状和功能的业务。

（4）销售货物：指有偿转让货物的所有权。

（5）提供加工、修理修配劳务（以下称应税劳务）：指有偿提供加工、修理修配劳务。个体工商户聘用的员工为本单位或者雇主提供加工、修理修配劳务，不包括在内。

【例 1】A 企业从 B 企业购入某商品 30 件，单价为 100 元/件，并以 300 元/件全部销售给 D 企业，求 A 企业的增值额。

计算公式如下。

增值额=（300-100）×30=6 000 元

因此，增值税就只对 6 000 元征收。

2.2　发票票样认真看

杨会计从桌子上拿起翻开的凭证，指着那张发票问。

杨会计 知道这是什么吗？（见图 2.1）。

看着浩子一脸的虔诚，杨会计心情很愉悦。

杨会计 好好听着。

北京市现行发票有增值税专用发票、增值税普通发票等种类，如表 2.1 所示。图 2.2～图 2.6 是以北京市为例，目前所用的发票种类，以及各个种类的发票图样。财务人员在收取发票时，应仔细辨别，以免因疏忽给企业带来不必要的损失。

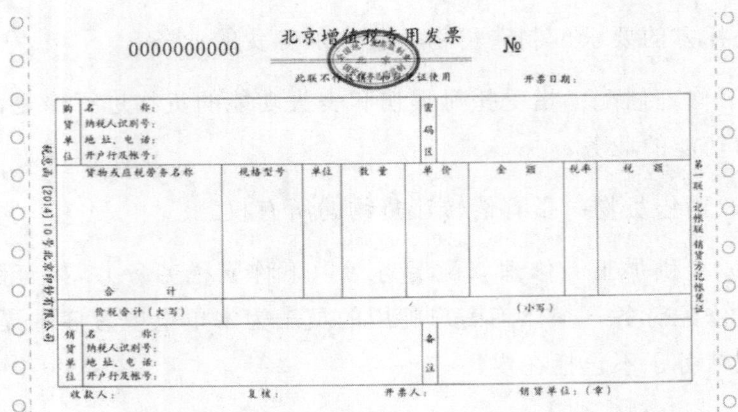
北京增值税专用发票

0000000000 №

此联不[illegible]凭证使用 开票日期：

购货单位	名称： 纳税人识别号： 地址、电话： 开户行及帐号：				密码区			
货物或应税劳务名称		规格型号	单位	数量	单价	金额	税率	税额
合计								
价税合计（大写）					（小写）			
销货单位	名称： 纳税人识别号： 地址、电话： 开户行及帐号：				备注			

收款人： 复核： 开票人： 销货单位：（章）

税总函〔2014〕10号北京印钞有限公司

第一联：记帐联 销货方记帐凭证

图 2.1 北京增值税专用发票

表 2.1 北京市国税发票一览表

发票种类	联次用途	适用范围
北京增值税专用发票	三联：发票联、抵扣联、记账联 四联：发票联、抵扣联、记账联、副联	适用于增值税一般纳税人（见图2.1）
北京增值税普通发票	二联：发票联、记账联 三联：发票联、记账联、副联	适用于增值税一般纳税人（见图2.2）
机动车销售统一发票	六联：发票联、抵扣联、报税联、注册登记联、记账联、存根联	适用于从事机动车零售业务的纳税人（见图2.3）
二手车销售统一发票	五联：发票联、转移登记联（公安车辆管理部门留存）、出入库联、记账联、存根联	适用于从事经销二手汽车的二手车交易市场经营者、经销企业和拍卖企业（见图2.4）
北京市国家税务局通用机打发票	二联：发票联、记账联	适用于开具各种普通发票的企业小规模纳税人；有条件的个体工商户；未使用防伪税控“一机多票”系统开具《增值税普通发票》的增值税一般纳税人商业零售企业；增值税一般纳税人中经销水、电、气、暖的企业和收购企业；使用税控收款机的企业（见图2.5）
北京市国家税务局通用手工发票	三联：发票联、抵扣联、记账联	适用于个体工商户（见图2.6）

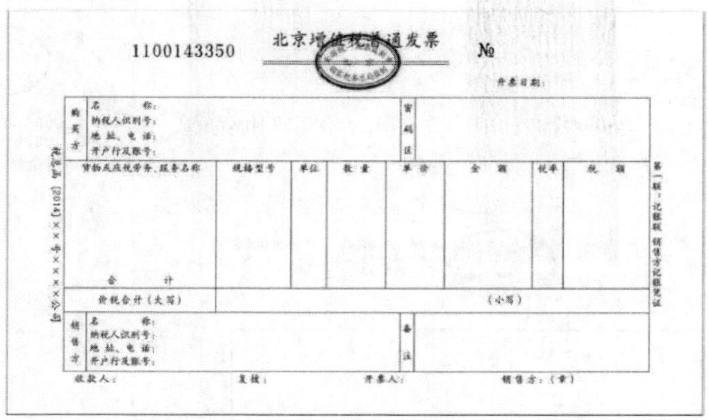

1100143350 北京增值税普通发票 №

开票日期：

购买方 名称：
纳税人识别号：
地址、电话：
开户行及账号：
密码区

货物或应税劳务、服务名称 | 规格型号 | 单位 | 数量 | 单价 | 金额 | 税率 | 税额

合计

价税合计（大写） （小写）

销售方 名称：
纳税人识别号：
地址、电话：
开户行及账号：
备注

收款人： 复核： 开票人： 销售方：（章）

第一联：记账联 销售方记账凭证

图 2.2 北京增值税普通发票

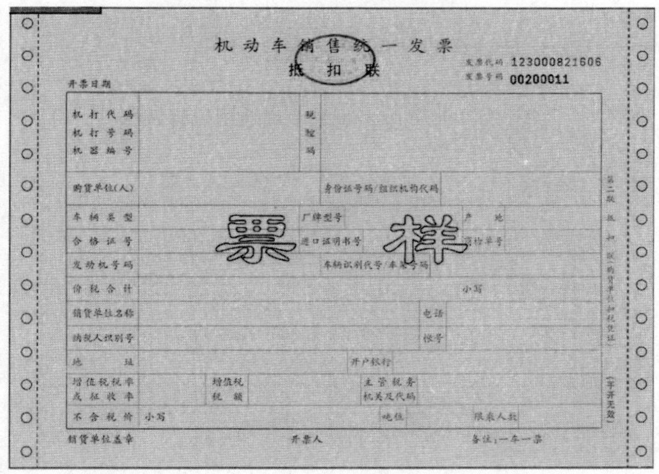

机动车销售统一发票

抵扣联

发票代码 123000821606

发票号码 00200011

开票日期

机打代码
机打号码
机器编号
税控码

购货单位(人) 身份证号码/组织机构代码

车辆类型 厂牌型号 产地

合格证号 进口证明书号 商检单号

发动机号码 车辆识别代号/车架号码

价税合计 小写

销货单位名称 电话

纳税人识别号 账号

地址 开户银行

增值税税率或征收率 增值税税额 主管税务机关及代码

不含税价 小写 吨位 限乘人数

销货单位盖章 开票人 备注：一车一票

第二联 抵扣联（购货单位扣税凭证）

（手开无效）

票样

图 2.3 机动车销售统一发票

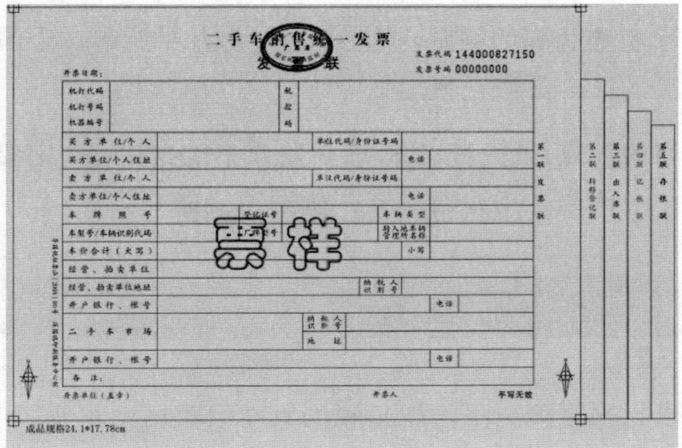

二手车销售统一发票

发票联

发票代码 144000827150

发票号码 00000000

开票日期：

机打代码
机打号码
机器编号
税控码

买方单位/个人 单位代码/身份证号码

买方单位/个人住址 电话

卖方单位/个人 单位代码/身份证号码

卖方单位/个人住址 电话

车牌照号 登记证号 车辆类型

车架号/车辆识别代码 厂牌型号 转入地车辆管理所名称

车价合计（大写） 小写

经营、拍卖单位

经营、拍卖单位地址 纳税人识别号

开户银行、账号 电话

二手车市场 纳税人识别号 地址

开户银行、账号 电话

备注：

开票单位（盖章） 开票人 手写无效

第一联 发票联

第二联 转移登记联

第三联 出入库联

第四联 记账联

第五联 存根联

票样

成品规格24.1*17.78cm

图 2.4 二手车销售统一发票

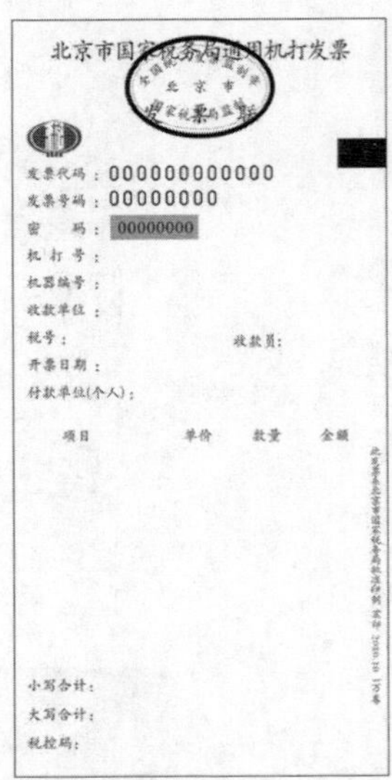

北京市国家税务局通用机打发票

发票代码：000000000000
发票号码：00000000
密　码：00000000
机打号：
机器编号：
收款单位：
税号：　　　　收款员：
开票日期：
付款单位(个人)：

项目	单价	数量	金额

小写合计：
大写合计：
税控码：

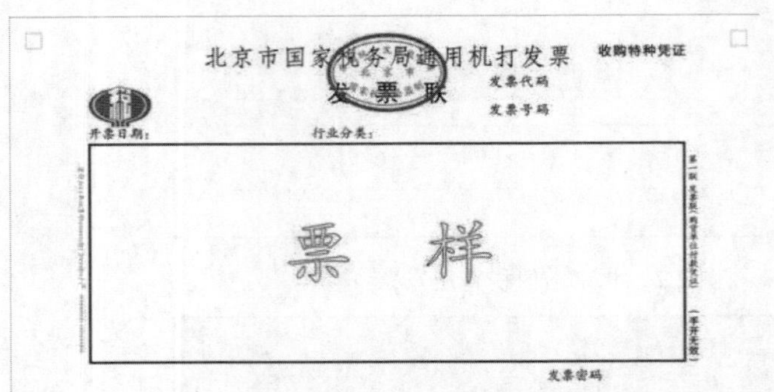

北京市国家税务局通用机打发票　收购特种凭证

发票联

发票代码
发票号码

开票日期：　　　　行业分类：

票　样

第一联 发票联 购货单位付款凭证（手开无效）

发票密码

图 2.5　北京市国家税务局通用机打发票

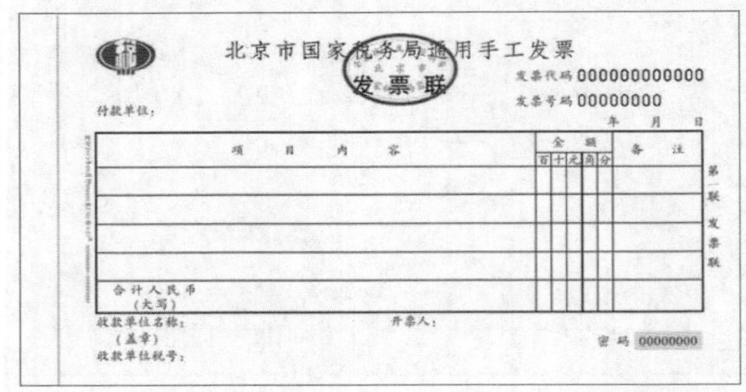

北京市国家税务局通用手工发票

发票联

发票代码 000000000000
发票号码 00000000

付款单位：　　　　年　月　日

项　目　内　容	金额 百	十	元	角	分	备　注
合计人民币（大写）						

收款单位名称：（盖章）　　　　开票人：
收款单位税号：　　　　密　码 00000000

第一联 发票联

图 2.6　北京市国家税务局通用手工发票

按照国家税务总局的规定，自 2011 年 1 月 1 日起，全国统一使用新版发票，旧版发票全部停止使用。

杨会计 重要的一点，记住，以后旧版发票不能再用，一定要认真看仔细了呀！还有，增值税专用发票只有一般纳税人能开具。

2.3　征收范围要界定

杨会计 可以上网百度一下，增值税的具体分类网上也有。

浩　子 以前我国实行生产型增值税，自 2009 年 1 月 1 日起改为消费型

增值税。这我在学校时学到过，可是我不知道什么是业务增值税呀？

杨会计 这方面我也不太清楚，不过，你可以先上网查一下增值税的征收范围。生产型增值税与消费型增值税的区别，如表 2.2 所示，

表 2.2 生产型增值税与消费型增值税的区别

项　目		
生产型增值税	不允许扣除任何外购固定资产的进项税	可以保证财政税收，不利于鼓励投资
消费型增值税	允许扣除全部外购固定资产的进项税	操作简便，最能体现增值税的优越性

增值税的征税范围如图 2.7 所示。

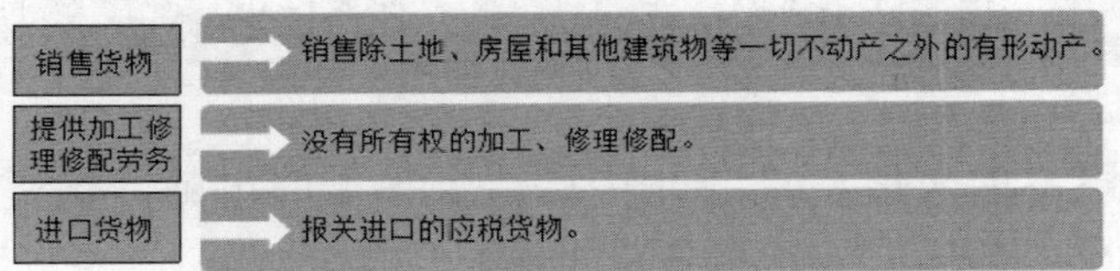

图 2.7 增值税的征税范围

视同销售货物，指设有两个以上机构并实行统一核算的纳税人，将货物从一个机构移送其他机构用于销售，相关机构设在同一县（市）的除外。单位和个人发生以下 5 种情况，如图 2.8 所示。

将自产或委托加工的货物用于非应税项目。

将自产、委托加工的货物作为投资，提供给其他单位或个体经营者。

将自产、委托加工或购买的货物分配给股东或投资者。

将自产、委托加工的货物用于集体福利或个人消费。

将自产、委托加工或购买的货物无偿赠送他人。

图 2.8 销售货物，单位和个人发生的 5 种情况

浩　子 销售货物我是理解，就是指销售不动产之外的货物。但是视同销售里的“设有两个以上机构并实行统一核算的纳税人，将货物从一个机构移送其他机构用于销售，相关机构设在同一县（市）的除外”这句我不明白。按说一个企业货物没出售，就没增值呀，就不应该征收增值税。

杨会计 这是为了使增值税的链条不中断而人为规定的。如果不出售货物

的企业开出 17%的增值税，企业内部同时也可以抵扣相同金额的税款，企业本身无纳税。

浩　子 为什么自产或委托加工的货物用于非应税项目、用于集体福利或个人消费、无偿赠送他人，也视同销售呢？

杨会计 你想想啊，如果公司不生产这种货物，那么公司要用于非应税项目、用于集体福利或个人消费、无偿赠送他人的情况时，是不是要去外面买？这样相当于负担了增值税。为公平起见，税法中做出视同销售的规定。

2.4　增值税征收范围的特别规定

看浩子疑惑的表情，杨会计接过浩子手里的电脑，敲了几下，然后递给浩子。浩子明白了，原来是这个呀！

增值税征税范围的特别规定，内容如下。

（1）货物期货（包括商品期货和贵金属期货），在期货的实物交割环节纳税。

（2）银行销售金银的业务。

（3）典当业销售的死当物品，寄售商店代销的寄售物品（包括居民个人寄售的物品在内）。

（4）基本建设单位和从事建筑安装业务的企业附设工厂、车间。

- 在附设工厂或车间生产的水泥预制构件、其他构件或建筑材料，凡用于本单位或本企业的建筑工程的，应视同对外销售，在移送使用环节征收增值税。
- 在建筑现场制造的预制构件，凡直接用于本单位或本企业建筑工程的，不征收增值税。

（5）集邮商品（包括邮票、小型张、小本票、明信片、首日封、邮折、集邮簿、邮盘、邮票目录、护邮袋、贴片及其他集邮商品）的生产、调拨，以及邮政部门以外的其他单位与个人销售集邮商品，应征收增值税。

（6）执罚部门和单位查处的属于一般商业部门经营的商品，拍卖或销售的收入上缴财政的，不予征税。对经营单位购入拍卖物品再销售的，应照章征收增值税。

（7）电力公司向发电企业收取的过网费，应当征收增值税。

（8）印刷企业接受出版单位委托，自行购买纸张，印刷有统一刊号（CN）及采用国际标准书号编序的图书、报纸和杂志按货物销售征收增值税。

（9）缝纫应当征收增值税。

2.5　哪些收入不征收增值税

看到条例下面是关于不征收增值税的收入的规定，杨会计提醒浩子。

杨会计 先了解一下政策规定，再接着往下看。

不征收增值税的收入，内容如下。

（1）基本建设单位和从事建筑安装业务的企业附设工厂、车间在建筑现场制造的预制构件，凡直接用于本单位或本企业建筑工程的，不征收增值税。

（2）因转让著作所有权而发生的销售电影母片、录像带母带、录音磁带母带的业务，不征收增值税。

（3）供应或开采未经加工的天然水，不征收增值税。

（4）对国家管理部门行使其管理职能，发放的执照、牌照和有关证书等取得的工本费收入，不征收增值税。

（5）对体育彩票的发行收入不征收增值税。

（6）对增值税纳税人收取的会员费收入不征收增值税。

（7）代购货物行为，凡同时具备以下条件的，不征收增值税，如图 2.9 所示。

受托方不垫付资金。

销货方将发票开具给委托方，并由受托方将该项发票转交给委托方。

受托方按销售方实际收取的销售额和销项税额（如代理进口货物，则为海关代征的增值税额）与委托方结算货款，并另外收取手续费。

图 2.9　不征收增值税的条件

杨会计发现浩子一脸的迷惑。

杨会计 浩子，你现在先把运费交纳的增值税的抵扣问题看一下。不区分购货还是卖货，只要是付了运费，取得了运费发票（除所运货物的增值税不能抵扣外）都可以按 7%的税率来进行计算。

浩　子 那什么情况下货物及运费增值税都不能抵扣呢？

杨会计 以后我会详细跟你说，现在先给你举个例子。比如企业购入货物，途中发生的非正常损失部分的进项税不能抵扣，其所发生的运费也不能计算抵扣。你接着看不征税收入问题。

（8）转让企业全部产权涉及的应税货物的转让，不征收增值税。转让企业全部产权是整体转让企业资产、债权、债务及劳动力的行为。

（9）纳税人代有关行政管理部门收取的费用，凡同时符合以下条件的，不属于价外费用，不征收增值税，如图 2.10 所示。

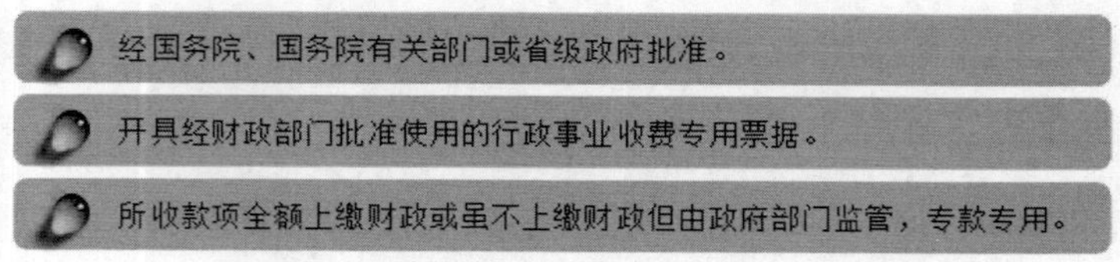

图 2.10　不征收增值税的条件

（10）代办保险费、车辆购置税、牌照费征税问题。纳税人销售货物的同时代办保险而向购买方收取的保险费，以及从事汽车销售的纳税人向购买方收取的代购买方缴纳的车辆购置税、牌照费，不作为价外费用征收增值税。

（11）关于计算机软件产品征收增值税的有关问题。

- 纳税人销售软件产品并随同销售一并收取的软件安装费、维护费、培训费等收入，应按照增值税混合销售的有关规定征收增值税，并

可享受软件产品增值税即征即退政策。对软件产品交付使用后，按期或按次收取的维护费、技术服务费、培训费等不征收增值税。

- 纳税人受托开发软件产品，著作权属于受托方的征收增值税，著作权属于委托方或属于双方共同拥有的不征收增值税。

2.6　税率分类弄明白

杨会计 增值税的基本税率是 17%，还有低税率和零税率，如 13%、11%，6%等，小规模纳税人是 3%。

2.6.1　税法中适用 13%税率的税目

税法中适用 13%税率的货物包括如下内容。

（1）农业产品。包括的内容如图 2.11 所示。

图 2.11　税率货物的农业产品

农业是国家着重发展的行业之一，所以其增值税负相对低一些。

（2）食用植物油。

（3）自来水。

（4）暖气、热水。

（5）冷气。

（6）煤气。

（7）石油液化气。

（8）天然气。

（9）沼气。

（10）居民用煤炭制品。

（11）图书、报纸、杂志。

注意

图书是指由国家新闻出版署批准的单位出版、采用国际标准书号编序的书籍及图片。报纸和杂志是指经国家新闻出版署批准，在各省、自治区、直辖市新闻出版管理部门登记具有国内统一刊号（CN）的报纸或刊物。印刷没有统一刊号的图书、资料按17%缴纳增值税。

（12）饲料。

（13）化肥。

（14）农药（日常生活用的各种包装的日用卫生用药如杀虫剂、蚊香等按17%税率征收）。

（15）农膜。

（16）农机（农用汽车和机动渔船按17%税率征收）。

（17）食用盐。

（18）音像制品。

（19）电子出版物。

（20）二甲醚。

2.6.2 税法中适用11%税率的税目

交通运输业服务、邮政服务、基础电信服务

2.6.3 税法中适用6%税率的税目

增值电信服务、现代服务业服务

2.6.4 税法中适用零税率的税目

境内单位和个人提供的“国际运输服务、向境外单位提供的研发服务和设计服务”，以及财政部、国家税务总局规定的其他应税服务。

杨会计 低税负一般适用国家重点发展的产业、节能环保行业、与人们生活息息相关的行业。

2.7 抵扣运费有方式

这天，侯经理过来递给浩子一沓票据。

侯经理 浩子，这是运货物的运费票据，你给我报一下。

浩子记得以前杨会计说过这个问题，想了半天也没想明白这笔业务怎么处理，就直接向杨会计求教。

杨会计 税务方面的知识挺深的，慢慢来。（给浩子打气）既然提到了运输费用的抵扣问题，那我就具体讲一下。

税法规定增值税一般纳税人外购或者销售货物所支付的运输费用，根据运费结算单所列金额，依 7%的税率计算抵扣增值税（运费结算单据为普通发票）。

运输中能计算抵扣进项税的只有运输费用和建设基金，其余装卸费、保险费等不能计算抵扣进项税。一般纳税人取得的国际货运发票或国际货运代理业发票，不得计算抵扣进项税。

杨会计 浩子，我给你举个实用的例子，你就明白了。

【例 2】某工业企业为增值税一般纳税人，税率为 17%，2017 年 7 月发生如下业务。

购入原料一批，取得增值税专用发票，价款 70 000 元，税款为 11 900 元。取得运输部门的运费发票，注明价款为 8 000 元，其中运费为 5 000 元、建设基金为 1 500 元、保管费为 1 500 元。

销售产品一批，价款为 80 000 元，开出增值税专用发票。代付运费 8 000 元。运费发票开给对方企业，款已收。计算企业当月应纳增值税。

计算步骤如下。

（1）找税率。

一般纳税人税率为 17%。

（2）计算进项税。

11 900+（5 000+1 500）×7%=12 355（元）。

分析：运费中只有运费和建设基金可以计算抵扣进项税，代付运费不能计算抵扣进项税。

（3）计算销售税额。

80 000×17%=13 600（元）。

（4）计算当月增值税额。

13 600－12 355=1 245（元）。

答案：当月应纳增值税为 1 245 元。

浩　子 噢，原来是这样呀！这下子我肯定会记住运费抵扣的问题。

杨会计 再补充一点，虽然运费的进项税可以抵扣，但不是所有的进项税都能抵扣。比如下面这几条是不能抵扣的。

不得抵扣的进项税额有如下 8 种，如图 2.12 所示。

1. 纳税人会计核算不健全或取得的增值税专用发票不合法。
2. 外购的货物用于非增值税项目、免税项目、集体福利或者个人消费。
3. 非正常损失的购进货物及相关的应税劳务。
4. 非正常损失的在产品、产成品等耗用的购入货物。
5. 纳税人自用消费品（摩托车、汽车、游艇）不得抵扣进项税。
6. 上述（3）、（4）、（5）所发生的运费也不能抵扣进项税。
7. 增值税一般纳税人采用邮寄方式销售、购买货物支付的邮寄费，不允许抵扣。
8. 纳税人兼营免税货物或非增值税劳务，而且划分不清的不允许抵扣进项税。

图 2.12　8 种不得抵扣进项税额

小贴士

纳税人取得的货运定额发票不能计算抵扣。

浩　子 这下子彻底弄明白了。（高兴地笑了）

2.8 算税公式需牢记

杨会计将面前的银行收款凭单递给浩子。

浩子仔细一看原来是收到的一笔货款的银行收款凭单。浩子找出了与付款单位对应的技术开发合同，先找到知识产权的条款，上面写着“软件的知识产权为受托方所有。”原来需要缴纳增值税。

那么权利归属如何确定呢？可以按如下标准：受托开发软件的，著作权由双方约定权利归属，未约定的，著作权归属于受托方。

浩　子 以前学过增值税，不过现在记不清了。

杨会计 没关系，现在我来帮你回忆一下。我们国家采用间接计算法，这种方法首先要计算出应税货物的整体税额，然后从中减除法定的外购项目已纳的税额，又叫发票扣税法。

增值税的计算公式如下。

（1）应纳增值税额计算：应纳增值税额=当期销项税额－当期进项税额。

（2）销项税额计算：销项税额=销售额×税率（或组成计税价格×税率）。

（3）组成计税价格计算：组成计税价格=成本（1+成本利润率）。

若同时缴纳消费税：组成计税价格=成本（1+成本利润率）/（1-消费税率）。

（4）价款和税款合并情况下的销售额。

增值税是价外税，计算税款时销售额是不含税的。

不含销售额=含税销售额/（1+税率）。

杨会计 这些公式乍一看挺复杂的，不过你可以先了解一下进项税和销项税的具体规定。

2.9 进项税额、销项税额和应纳增值税额

2.9.1 进项税额

从会计分录方面讲，进项税额在“应交税费—应交增值税”的借方，是指企业从外部购入的可以抵扣的增值税额。

换个方式来说，就是付过款的，买进来的税，在计算增值税额时可以减除，花钱买来的税额“进项税”要做减项。

购进农产品，按收购发票上的买价乘 13%计算，扣除运输费用。增值税一般纳税人外购或销售货物所支付的运费，按运费所列金额乘 7%计算扣除。

进项税额的来源如图 2.13 所示。

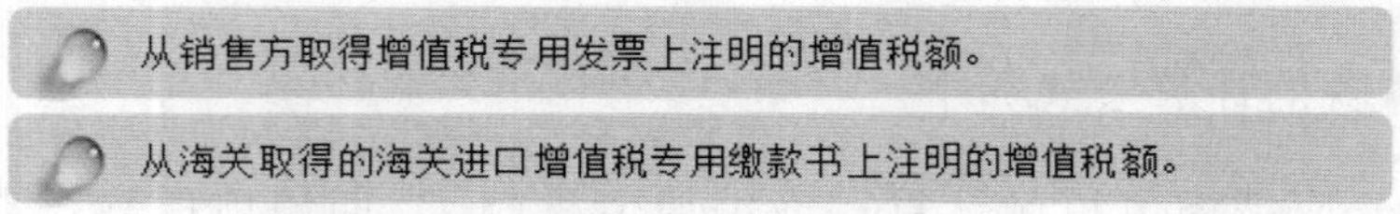

图 2.13　进项税额的来源

2.9.2 销项税额

销售货物所缴纳的增值税额，在会计分录的贷方，表示企业销售货物应缴纳的增值税额，即企业“收钱”的税额。

销项税额的来源如图 2.14 所示。

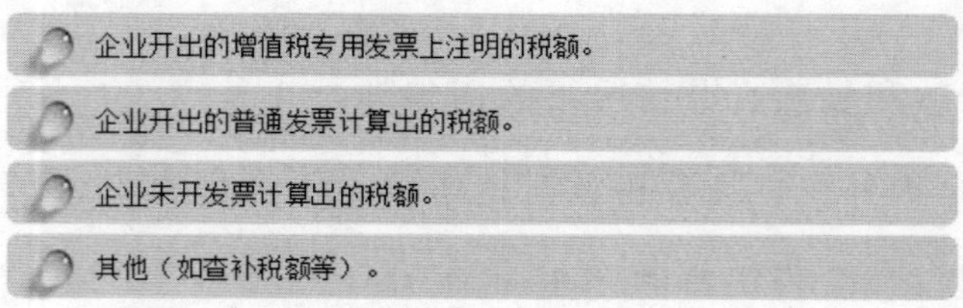

图 2.14　销项税额的来源

2.9.3 应纳增值税额

公式：应纳增值税额＝销项税额－进项税额

（1）公式差如果大于 0，则企业在下个月初的征期内缴纳增值税。

（2）公式差如果小于 0，则企业本月不需交税，余额留抵下月。

【例 3】某企业为增值税一般纳税人，2017 年 2 月发生如下业务。

（1）从农业生产者手中收购玉米 20 吨，单价为 6 000 元/吨，企业支付运费 3 000 元。

（2）购进 A 材料取得增值税专用发票，注明金额 60 000 元。所有货款已付清。

（3）销售产品开具增值税专用发票取得销售收入 120 000 元，开具普通发票 81 900 元（货款已收）。

计算企业 2017 年 7 月应纳增值税税额。（相关发票已通过认证）

计算步骤如下。

（1）找增值税税率。

企业增值税税率为 17%。农产品计算抵扣税率为 13%，运费计算抵扣税率为 7%。

（2）计算进项税额。

20×6 000×13%+3 000×7%+60 000×17%=26 010（元）。

（3）计算销项税额：

120 000×17%+81 900÷（1+17%）×17%=32 300（元）。

（4）计算应交增值税额。

32 300－26 010=6 290（元）。

会计分录如下。

（1）购入农产品。

借：原材料　玉米　107 190

应交税费——应交增值税（进项税额）　15 810

贷：银行存款　123 000

（2）购入 A 材料。

借：原材料　A 材料　60 000

应交税费——应交增值税（进项税额）　10 200

贷：银行存款　70 200

（3）销售产品。

借：银行存款　222 300

贷：主营业务收入　190 000

应交税费——应交增值税（销项税额）　32 300

（4）月底结转税费。

借：应交税费——应交增值税（转出未交增值税）　6 290

贷：应交税费——未交增值税　6 290

（5）次月初，企业上缴增值税。

借：应交税费——未交增值税　6 290

贷：银行存款　6 290

【例 4】某企业为增值税一般纳税人，2017 年 2 月，销售货物如下。

（1）开具增值税专用发票的不含税销售额为 400 000 元。

（2）开具普通发票的含税销售额为 234 000 元。

（3）未开发票的销售额为 70 200 元。

计算企业本月销项税额。

计算步骤如下。

（1）专用发票的销项税额。

400 000×17%=68 000（元）。

（2）普通发票的销项税额。

234 000÷（1+17%）×17%=34 000（元）。

分析：先换算成不含税销售额，再乘以增值税率。

（3）未开发票的销项税额。

70 200÷（1+17%）×17%=10 200（元）。

分析：先换算成不含税销售额，再乘以增值税率。

（4）企业本月销项税额。

68 000+34 000+10 200=112 200（元）。

杨会计 只有合同和收款凭单做这笔业务的原始凭证是不够的，我国实行的是以票扣税，首先就要想到票。（翻开凭证，指着其中的一张发票）看着这张发票，你就应该知道，企业是增值税一般纳税人，假定本月只有这笔收入，那么本月销售产品价税合计 81 900 元，假设本月购进原材料 40 000 元，取得增值税专用发票已经通过认证，货款已付清，上期增值税留抵税额为 0。（税率均为 17%）求企业本月应纳增值税，你知道怎样计算吗？

计算步骤如下。

（1）适用增值税税率：税率为 17%。

（2）计算销项税：

81 900÷（1+17%）×17%=11 900（元）。

（3）计算进项税：

40 000×17%=6 800（元）。

（4）计算应纳税额：

11 900－6 800=5 100（元）。

答案：企业本月应纳增值税为 5 100 元。

2.10　计算完成写分录

杨会计 看你增值税记得也差不多了，我们继续来看销项税如何计算。你先算这笔业务的销项税。

浩　子 嗯，是 11 900 元。

杨会计 那分录怎么写？

浩　子 这个我会。应交税费科目，是核算企业按照税法规定应缴纳的各种税费，包括增值税、消费税、企业所得税、个人所得税、资源税、土地增值税、城市维护建设税、房产税、土地使用税、车船税、教育费附加、矿产资源补偿费等。我先列出应交增值税的“丁”字账户吧（见图 2.15），这样理解起来更容易。

应交增值税	
进项税额	销项税额
已交税金	出口退税
减免税款	进项税额转出
出口抵减内销产品应纳税额	转出多交增值税
转出未交增值税	

图 2.15　应交税费—应交增值税的明细科目

浩子列“丁”字账户并熟练地写出分录。

借方明细科目如图 2.16 所示。

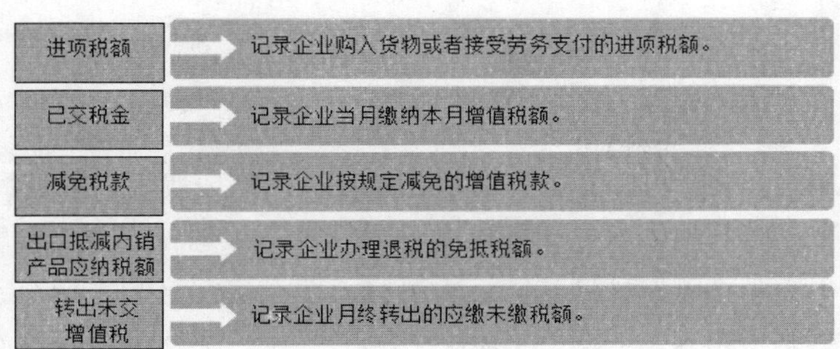

图 2.16 借方明细科目

贷方明细科目如图 2.17 所示。

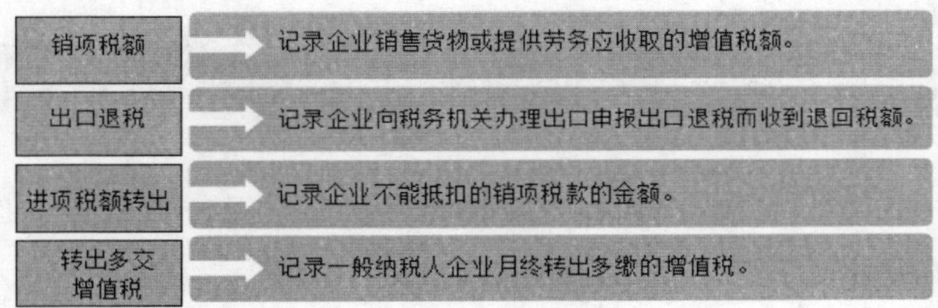

图 2.17 贷方明细科目

企业不需要预提应交税金的税种，如印花税、耕地占用税等，不在本科目核算。

做会计分录如下。

（1）购入原材料。

借：原材料　　40 000

　　应交税费——应交增值税（进项税额）　　6 800

　　贷：银行存款　　46 800

（2）销售产品。

借：银行存款　　81 900

　　贷：主营业务收入　　70 000

　　　　应交税费——应交增值税（销项税额）　　11 900

（3）用银行存款缴纳增值税。

借：应交税费——未交增值税　　　　5 100

　贷：银行存款　　　　5 100

杨会计 还有一点，房、车还有地都是要计入“管理费用”的科目里。（提醒浩子）第一，企业按规定计算应交的房产税、土地使用税、车船使用税时，借记“管理费用”科目，贷记本科目（即应交房产税、应交土地使用税或应交车船使用税）。第二，企业交纳房产税、土地使用税、车船使用税时，借记本科目（即应交房产税、应交土地使用税或应交车船使用税），贷记“银行存款”等科目。

2.11 区分一般纳税人和小规模纳税人

“对了，浩子，我这里有一本纳税方面的书，给你恶补下你缺乏的知识。”杨会计从书包里拿出一本书递给浩子。

一般纳税人是指年应税销售额超过小规模纳税人标准的企业和企业性单位，应申请一般纳税人资格，使用增值税专用发票。

小规模纳税人是指年销售额在规定标准以下，并且会计核算不健全，不能按规定报送有关税务资料的增值税纳税人。所谓会计核算不健全是指不能正确核算增值税的销项税额、进项税额和应纳税额。

一般纳税人与小规模纳税人的划分如表 2.3 所示。

表 2.3　一般纳税人与小规模纳税人

项　目	一般纳税人	小规模纳税人
从事货物生产或者提供应税劳务的纳税人，以及以从事货物生产或者提供应税劳务为主，并兼营货物批发或者零售的纳税人	年应税销售额＞50万元	年应税销售额≤50万元
批发或零售货物的纳税人	年应税销售额＞80万元	年应税销售额≤80万元
应税服务年销售额标准	年应税销售额超过500万元	年应税销售额未超过500万元
年应税销售额超过小规模纳税人标准的其他个人	—	按小规模纳税人纳税
非企业性单位、不经常发生应税行为的企业	—	按小规模纳税人纳税

【例 5】某电冰箱厂为增值税一般纳税人。本月对甲企业销售电冰箱 400 台，每台 2 000 元，按成本价 1 000 元/台发给本企业员工 200 台。已知本月已认证的进项税额为 120 000 元。求本月应纳增值税额。

提示

发票通过了国税局的认可，称为认证。通过网上认证后，就可以抵扣进项税了。

计算步骤如下。

（1）适用税率。

一般纳税人税率为 17%。

（2）应纳税所得额。

400×2 000+200×1 000=1 000 000（元）。

分析：企业按成本发给本企业员工的 200 台电视机，按视同销售处理。视同销售的价格规定有：① 按纳税人最近时期同类货物的价格。② 按其他纳税人同类货物的价格。③ 按组成计税价格。组成计税价格=成本×（1+成本利润率）或组成计税价格=成本×（1+成本利润率）/（1－消费税税率）。

（3）计算销项税额。

1 000 000×17%=170 000（元）。

（4）找进项税额。

进项税额为 120 000 元。

（5）计算应纳税额。

170 000－120 000=50 000（元）。

答案：本月应纳增值税为 50 000 元。

2.12 以折扣方式销售货物如何纳税

折扣方式的处理如表 2.4 所示。

表 2.4 折扣方式的处理

折扣方式	折扣销售	销售折让	销售折扣
定义	指销售时给购买方的价格优惠	指因质量等问题在销售后给购货方的折扣	指为了早付货款，而给对方的折扣
是否可从销售额中扣除	开在同一张发票上，可从销售额中扣除	可以从销售额中扣除	不能从销售额中扣除

【例 6】甲企业销售 A 材料给乙公司，单价 3 000 元/吨，乙公司购入 400 吨，给乙公司 2%的折扣额，后为了乙公司早付货款，又给公司 2%的销售折扣。计算甲企业应纳增值税额（甲企业为一般纳税人）。甲企业的折扣开在一张发票上。

计算步骤如下。

（1）适用税率。

一般纳税人税率为 17%。

（2）计算销售额。

3 000×400×（1－2%）=1 176 000（元）。

（3）计算销项税。

1 176 000×17%=199 920（元）。

（4）计算销售折扣。

1 176 000×2%=23 520（元）。不得从销售额中扣除，计入企业的财务费用。

2.13 以旧换新方式如何纳税

以旧换新指纳税人在销售货物过程中折价收回旧货。不得从销售额中扣除旧货的价款。应按同期同类货物确定其销售额。

【例 7】甲企业销售电风扇，每台 1 200 元，同时回收旧风扇 50 元，2011 年 7 月售出 100 台并加收 100 台旧风扇，计算甲企业本月增值税额（一般纳税人企业）。

计算步骤如下。

（1）适用税率。

一般纳税人税率为 17%。

（2）计算销售额。

1 200×100=120 000（元）。

（3）计算销项税。

120 000×17%=20 400（元）。

答案：本月应纳销项税为 20 400 元。

小贴士

金银首饰以旧换新不按上述方法计算，要按实际收到的价款计算增值税。

2.14　还本销售如何纳税

还本销售是指纳税人销售货物后，在约定时间将货款部分或者全部归还给购物方，这是企业的融资方式。所归还的货款不能从销售额中扣除。

【例 8】甲企业用自己生产的电视机 200 台，单价为 4 000 元/台，换乙企业生产的机器设备一台，设备价款为 800 000 元。两企业开具增值税专用发票，计算两企业应交增值税。

计算步骤如下。

（1）适用税率。

甲企业为一般纳税人，税率为 17%。

乙企业为一般纳税人，税率为 17%。

（2）计算销售额。

甲企业=200×4 000=800 000（元）。

乙企业=800 000（元）。

（3）计算销项税。

甲企业：800 000×17%=136 000（元）。

乙企业：800 000×17%=136 000（元）。

（4）计算进项税额。

甲企业：136 000 元。

乙企业：136 000 元。

（5）计算应交增值税。

甲企业：136 000－136 000=0（元）。

乙企业：136 000－136 000=0（元）。

答案：甲企业和乙企业本月不交增值税。

2.15 包装物押金的税务处理

对销售酒类产品（除啤酒、黄酒）的包装物押金，无论是否返还，都要并入当期销售额计税。

小贴士

税法规定，纳税人为销售货物而出租、出借的包装物押金单独记账的，时间在 1 年之内未逾期，不计入销售额征税。对于已逾期，还未收回的，按所包装货物的税率计算纳税。逾期是指以 1 年（12 个月）为期限。包装物押金视为含税。

【例 9】甲企业本月销售给乙企业红酒，销售额为 300 000 元，并收取包装物押金 2 340 元，销售给丙企业啤酒，销售额为 400 000 元，并收取包装物押金 2 340 元，因去年包装啤酒的包装物没有收回，没收去年所收啤酒的包装物押金 3510 元。本月有进项税额 60 000 元，甲企业为一般

纳税人。计算本月应纳增值税。（不计算消费税）

（1）适用税率。

甲企业为一般纳税人，税率为 17%。

（2）计算销售额。

甲企业=（300 000+400 000）+2 340/（1+17%）+3 510/（1+17%）=705 000（元）。

（3）计算销项税。

甲企业：705 000×17%=119 850（元）。

（4）计算进项税额。

60 000 元

（5）计算应交增值税。

甲企业：119 850－60 000=59 850（元）

答案：甲企业本月应纳增值税为 59 850 元。

分析

红酒的包装物押金 2 340 元按含税计算应纳税额，本年收的啤酒包装物押金因没逾期，不计算缴纳增值税。去年的押金因为逾期需按含税价格计算缴纳增值税。

浩子从杨会计给的书中了解了很多以前不知道的知识，书中还有关于小规模纳税人的介绍。

浩　子　我们公司用 17%的税率，挺复杂的；小规模纳税人的税率为 3%，业务相对来说比较简单。那小规模纳税人是什么意思？增值税又怎么算呢？

浩子想了想，看来还得找杨会计帮忙。

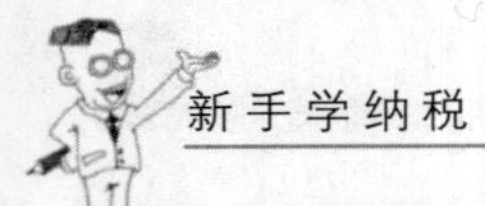

2.16 小规模纳税人介绍

杨会计刚进来，浩子就迫不及待地把积攒的问题拿给杨会计看。

杨会计 你先了解一下政策法规。

小规模纳税人是指从事货物生产或提供应税劳务的纳税人，以及以从事货物生产或提供应税劳务为主，并兼营货物批发或零售的纳税人、其他年应税销售额达不到一般纳税人标准的纳税人。

年应纳税销售额超过小规模纳税人标准的其他个人，按小规模纳税人纳税；非企业性单位、不经常发生应税行为的企业，可选择按小规模纳税人纳税。税法规定：应税销售额超过小规模纳税人标准的，应申请一般纳税人资格，使用增值税专用发票。

这里的年应税销售额包括：纳税申报的销售额、稽查查出的销售额、纳税评估调整的销售额、税务机关代开发票的销售额、免税销售额。企业可在超过小规模标准时，或在企业新成立开业时申请一般纳税人资格认定，如图 2.18 所示。

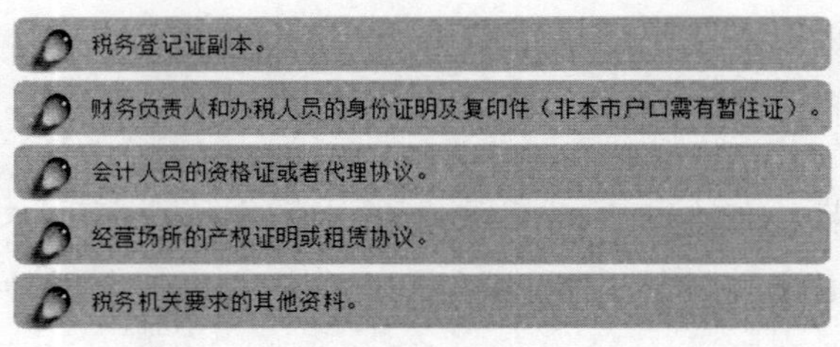

图 2.18 申请纳税资格认定的资料

分析

增值税一般纳税人经认定后，不得再转为小规模纳税人。

小规模纳税人实行简易办法征税，一般不使用增值税专用发票（如有需要，可到税务局代开增值税专用发票）。小规模纳税人税率为 3%，税率计算公式如下。

小规模纳税人应纳税所得额=含税销售额/（1+征收率）。

应交增值税税额=应纳税所得额×征收率。

杨会计 为加深你的印象，还是跟以前一样，举个例子。

【例 10】A 企业为小规模纳税人，2017 年 3 月销售额为 309 000 元，计算 A 企业本月应纳增值税额。

计算步骤如下。

（1）适用增值税税率。

小规模纳税人税率为 3%。

（2）计算应纳税所得额。

309 000÷（1+3%）=300 000（元）。

（3）计算应交增值税额。

300 000×3%=9 000（元）。

答案：A 企业应纳增值税额为 9 000 元。

浩　子 对了，小规模纳税人固定资产的处理与一般纳税人也是有区别的，这儿，你看看。（打开电脑里的文档给侯经理看）

小规模纳税人出售使用过的固定资产按 2%的税率征收增值税。小规模纳税人购置税控机，经主管税务局批准后，可凭购入的增值税专用发票上注明的增值税额抵免当期应纳增值税。若购入的是普通发票，可以计算抵免税额。

抵免额=购入价款/（1+17%）×17%。

【例 11】接上例，A 企业 2017 年 3 月发生如下业务。

（1）本月销售商品 309 000 元。

（2）本月出售使用过的固定资产 5 150 元。

（3）购置税控机一台，取得普通发票，金额为 5 850 元。

求本月应纳增值税额。

计算步骤如下。

（1）适用税率。

小规模纳税人税率为 3%。

（2）计算应纳税所得额。

309 000/（1+3%）=300 000（元），固定资产：5 150/（1+3%）=5 000（元）。

（3）计算应纳税额。

300 000×3%+5 000×2%=9 100（元）。

（4）计算可抵免的增值税额。

5 850/（1+17%）×17%=850（元）。

（5）本月应纳增值税。

9 100－850=8 250（元）。

答案：本月 A 企业应纳增值税额为 8 250 元。

杨会计 你都会计算一般纳税人的增值税，相信这小规模纳税人的应该也难不倒你。

浩　子 企业所有的收入全部计算在内超过小规模标准，就必须要认定为一般纳税人了吧！

杨会计 对呀！如果企业超过了小规模标准，没有认定一般纳税人，就要按 17%的税率纳税，还不允许抵扣进项税。

小贴士

如果企业超过了小规模纳税人的标准，一定要申请一般纳税人。如果没有申请，按 17%缴纳增值税，还不能抵扣进项税。

2.17 填制报表有技巧

到公司要报税的时候了，上次是杨会计帮的忙，现在只能靠浩子自己了，他凭记忆试着填。

杨会计 大胆地填，不会的再问我。

2.17.1 增值税纳税申报表填制注意事项

增值税纳税申报表（适用于一般纳税人）如表 2.5 所示。

表 2.5 增值税纳税申报表（适用于一般纳税人）

根据《中华人民共和国增值税暂行条例》第二十二条和第二十三条的规定制定本表。纳税人不论有无销售额，均应按主管税务机关核定的纳税期限按期填报本表，并于次月1日起15日内，向当地税务机关申报。

税款所属时间：自 年 月 日至 年 月 日 填表日期： 年 月 日 金额单位：元至角分

所属行业：

纳税识别号																				

纳税人名称	（公章）	法定代表人姓名		注册地址		营业地址	
开户银行及账号		企业登记注册类型		电话号码			

项目		栏次	一般货物及劳务		即征即退货物及劳务	
			本月数	本年累计	本月数	本年累计
销售额	（一）按适用税率征税货物及劳务销售额	1				
	其中：应税货物销售额	2				
	应税劳务销售额	3				
	纳税检查调整的销售额	4				
	（二）按简易征收办法征税货物销售额	5				
	其中：纳税检查调整的销售额	6				
	（三）免、抵、退办法出口货物销售额	7			—	—

续表

	（四）免税货物及劳务销售额	8			—	—
	其中：免税货物销售额	9			—	—
	免税劳务销售额	10			—	—
税款计算	销项税额	11				
	进项税额	12				
	上期留抵税额	13		—		—
	进项税额转出	14				
	免抵退货物应退税额	15			—	—
	按适用税率计算的纳税检查应补缴税额	16			—	—
	应抵扣税额合计	17=12+13-14-15+16		—		—
	实际抵扣税额	18（如17<11，则为17，否则为11）				
	应纳税额	19=11-18				
	期末留抵税额	20=17-18		—		—
	按简易征收办法计算的应纳税额	21				
	按简易征收办法计算的纳税检查应补缴税额	22			—	—
	应纳税额减征额	23				
	应纳税额合计	24=19+21-23				
税款缴纳	期初未缴税额（多缴为负数）	25				
	实收出口开具专用缴款书退税额	26			—	—
	本期已缴税额	27=28+29+30+31				
	（1）分次预缴税额	28		—		—
	（2）出口开具专用缴款书预缴税额	29		—	—	—
	（3）本期缴纳上期应纳税额	30				
	（4）本期缴纳欠缴税额	31				
	期末未缴税额（多缴为负数）	32=24+25+26-27				
	其中：欠缴税额（≥0）	33=25+26-27		—		—
	本期应补（退）税额	34=24-28-29		—		—
	即征即退实际退税额	35	—	—		

续表

税款缴纳	期初未缴查补税额	36			—	—
	本期入库查补税额	37			—	—
	期末未缴查补税额	38=16+22+36-37			—	—
授权声明	如果你已委托代理人申报，请填写以下资料： 为代理一切税务事宜，现授权 （地址） 为本纳税人的代理申报人，任何与本申报表有关的往来文件，都可寄予此人。 授权人签字：		申报人声明	此纳税申报表是根据《中华人民共和国增值税暂行条例》的规定填报的，我相信它是真实的、可靠的、完整的。 声明人签字：		

杨会计 这张表格填写中，大部分仔细一些都可以算出来，想必你也会了，不过，这里只特别强调下面几点，你听好了。

浩子赶紧认真地听着。

（1）表中“一般货物及劳务”是指享受即征即退的货物及劳务以外的其他货物及劳务。

（2）表中“即征即退货物及劳务” 是指纳税人按照税法规定享受即征即退税收优惠政策的货物及劳务。

（3）本表第 1 项“（一）按适用税率征税货物及劳务销售额”栏数据，填写纳税人本期按适用税率缴纳增值税的应税货物和应税劳务的销售额（销货退回的销售额用负数表示）。包括在财务上不作销售但按税法规定应缴纳增值税的视同销售货物和价外费用销售额，外贸企业作价销售进料加工复出口的货物，税务、财政、审计部门检查按适用税率计算调整的销售额。“一般货物及劳务”的“本月数”栏数据与“即征即退货物及劳务”的“本月数” 栏数据之和，应等于“附表一”第 7 栏的“小计”中的“销售额”数。“本年累计”栏数据，应为年度内各月数之和。

（4）本表第 2 项“应税货物销售额”栏数据，填写纳税人本期按适用税率缴纳增值税的应税货物的销售额（销货退回的销售额用负数表示）。包括在财务上不作销售但按税法规定应缴纳增值税的视同销售货物和价

外费用销售额，以及外贸企业作价销售进料加工复出口的货物。“一般货物及劳务”的“本月数”栏数据与“即征即退货物及劳务”的“本月数”栏数据之和，应等于“附表一”第5栏的“应税货物”中17%税率“销售额”与13%税率“销售额”的合计数。“本年累计”栏数据，应为年度内各月数之和。

（5）本表第4项“纳税检查调整的销售额”栏数据，填写纳税人本期因税务、财政、审计部门检查并按适用税率计算调整的应税货物和应税劳务的销售额。但享受即征即退税收优惠政策的货物及劳务经税务稽查发现偷税的，不得填入“即征即退货物及劳务”部分，而应将本部分销售额在“一般货物及劳务”栏中反映。“一般货物及劳务”的“本月数”栏数据与“即征即退货物及劳务”的“本月数”栏数据之和，应等于“附表一”第6栏的“小计”中的“销售额”数。“本年累计”栏数据，应为年度内各月数之和。

（6）本表第6项“纳税检查调整的销售额”栏数据，填写纳税人本期因税务、财政、审计部门检查并按简易征收办法计算调整的销售额。但享受即征即退税收优惠政策的货物及劳务经税务稽查发现偷税的，不得填入“即征即退货物及劳务”部分，而应将本部分销售额在“一般货物及劳务”栏中反映。“一般货物及劳务”的“本月数”栏数据与“即征即退货物及劳务”的“本月数”栏数据之和，应等于“附表一”第13栏的“小计”中的“销售额”数。“本年累计”栏数据，应为年度内各月数之和。

（7）本表第9项“免税货物销售额”栏数据，填写纳税人本期按照税法规定直接免征增值税货物的销售额及适用零税率货物的销售额（销货退回的销售额用负数表示），但不包括适用免、抵、退办法出口货物的销售额。“一般货物及劳务”的“本月数”栏数据，应等于“附表一”第18栏的“免税货物”中的“销售额”数。“本年累计”栏数据，应为年度内各月数之和。

（8）本表第10项“免税劳务销售额”栏数据，填写纳税人本期按照税法规定直接免征增值税劳务的销售额及适用零税率劳务的销售额（销货退回的销售额用负数表示）。“一般货物及劳务”的“本月数”栏数据，应等于“附表一”第18栏的“免税劳务”中的“销售额”数。“本年累计”

栏数据，应为年度内各月数之和。

（9）本表第 11 项“销项税额”栏数据，填写纳税人本期按适用税率计征的销项税额。该数据应与“应交税金—应交增值税”明细科目贷方“销项税额”专栏本期发生数一致。“一般货物及劳务”的“本月数”栏数据与“即征即退货物及劳务”的“本月数”栏数据之和，应等于“附表一”第 7 栏的“小计”中的“销项税额”数。“本年累计”栏数据，应为年度内各月数之和。

（10）本表第 12 项“进项税额”栏数据，填写纳税人本期申报抵扣的进项税额。该数据应与“应交税金—应交增值税”明细科目借方“进项税额”专栏本期发生数一致。“一般货物及劳务”的“本月数”栏数据与“即征即退货物及劳务”的“本月数”栏数据之和，应等于“附表二”第 12 栏中的“税额”数。“本年累计”栏数据，应为年度内各月数之和。

（11）本表第 14 项“进项税额转出”栏数据，填写纳税人已经抵扣但按税法规定应作进项税转出的进项税额总数，但不包括销售折扣、折让，进货退出等应负数冲减当期进项税额的数额。该数据应与“应交税金—应交增值税”明细科目贷方“进项税额转出”专栏本期发生数一致。“一般货物及劳务”的“本月数”栏数据与“即征即退货物及劳务”的“本月数”栏数据之和，应等于“附表二”第 13 栏中的“税额”数。“本年累计”栏数据，应为年度内各月数之和。

（12）本表第 21 项“按简易征收办法计算的应纳税额”栏数据，填写纳税人本期按简易征收办法计算并应缴纳的增值税额，但不包括按简易征收办法计算的纳税检查应补缴税额。“一般货物及劳务”的“本月数”栏数据与“即征即退货物及劳务”的“本月数”栏数据之和，应等于“附表一”第 12 栏的“小计”中的“应纳税额”数。“本年累计”栏数据，应为年度内各月数之和。

（13）本表第 22 项“按简易征收办法计算的纳税检查应补缴税额”栏数据，填写纳税人本期因税务、财政、审计部门检查并按简易征收办法计算的纳税检查应补缴税额。“一般货物及劳务”的“本月数”栏数据与“即征即退货物及劳务”的“本月数”栏数据之和，应等于“附表一”第

13栏的“小计”中的“应纳税额”数。“本年累计”栏数据，应为年度内各月数之和。

（14）本表第35项“即征即退实际退税额”栏数据，填写纳税人本期因符合增值税即征即退优惠政策规定，而实际收到的税务机关返还的增值税额。“本年累计”栏数据，为年度内各月数之和。

（15）本表第36项“期初未缴查补税额”栏数据，为纳税人前一申报期的“期末未缴查补税额”。该数据与本表第25项“期初未缴税额（多缴为负数）”栏数据之和，应与“应交税金—未交增值税”明细科目期初余额一致。“本年累计”栏数据应填写纳税人上年度末的“期末未缴查补税额”数。

（16）本表第37项“本期入库查补税额”栏数据，填写纳税人本期因税务、财政、审计部门检查而实际入库的增值税款，包括：第一，按适用税率计算并实际缴纳的查补增值税款；第二，按简易征收办法计算并实际缴纳的查补增值税款。“本年累计”栏数据，为年度内各月数之和。

（17）本表第38项“期末未缴查补税额”栏数据，为纳税人纳税检查本期期末应缴未缴的增值税额。该数据与本表第32项“期末未缴税额（多缴为负数）”栏数据之和，应与“应交税金——未交增值税”明细科目期初余额一致。“本年累计”栏与“本月数”栏数据相同。

提示

在做“增值税即征即退”时，一定要将“即征即退货物及劳务”和“一般货物及劳务”分开填写。

例如，企业本月的“一般货物及劳务”销售额有200万元，“即征即退货物及劳务”就为200万元，那么增值税纳税申报表的填写方法如表2.6所示。

表 2.6 增值税纳税申报表（适用于一般纳税人）范例

根据《中华人民共和国增值税暂行条例》第二十二条和第二十三条的规定制定本表。纳税人不论有无销售额，均应按主管税务机关核定的纳税期限按期填报本表，并于次月1日起15日内，向当地税务机关申报。

税款所属时间：自　　年 月 日至　年 月 日　填表日期：　　年 月 日　　　金额单位：元至角分

所属行业：

纳税识别号																				

纳税人名称	（公章）	法定代表人姓名		注册地址		营业地址	
开户银行及账号		企业登记注册类型				电话号码	

项目		栏次	一般货物及劳务		即征即退货物及劳务	
			本月数	本年累计	本月数	本年累计
销售额	（一）按适用税率征税货物及劳务销售额	1	2 000 000	2 000 000	2 000 000	2 000 000
	其中：应税货物销售额	2				
	应税劳务销售额	3				
	纳税检查调整的销售额	4				
	（二）按简易征收办法征税货物销售额	5				
	其中：纳税检查调整的销售额	6				
	（三）免、抵、退办法出口货物销售额	7			—	—
	（四）免税货物及劳务销售额	8			—	—
	其中：免税货物销售额	9			—	—
	免税劳务销售额	10			—	—

2.17.2 增值税纳税申报表附列资料（附表一）注意事项

增值税纳税申报表附列资料（附表一），如表 2.7 所示。

表 2.7 增值税纳税申报表附列资料（附表一）

税款所属时间： 年 月

纳税人名称（公章） 填表日期： 年 月 日 金额单位： 元至角分

一、按适用税率征收增值税货物及劳务的销售额和销项税额明细

项目	栏次	应税货物						应税劳务				
		17%税率			13%税率							
		份数	销售额	销项税额	份数	销售额	销项税额	销售额	销项税额	份数	销售额	销项税额
防伪税控系统开具的增值税专用发票	1											
非防伪税控系统开具的增值税专用发票	2											
开具普通发票	3											
未开具发票	4											
小　计	5=1+2+3+4											
纳税检查调整	6											
合　计	7=5+6											

二、简易征收办法征收增值税货物的销售额和应纳税额明细

项　目	栏　次	6%征收率			4%征收率			小　计		
		份　数	销售额	应纳税额	份数	销售额	应纳税额	份数	销售额	应纳税额
防伪税控系统开具的增值税专用发票	8									
非防伪税控系统开具的增值税专用发票	9									
开具普通发票	10									
未开具发票	11	—			—			—		
小　计	12=8+9+10+11	—			—			—		
纳税检查调整	13	—			—			—		
合　计	14=12+13	—			—			—		

续表

三、免征增值税货物及劳务销售额明细										
项　　目	栏　　次	免税货物			免税劳务			小　计		
		份　数	销售额	税额	份数	销售额	税额	份数	销售额	税额
防伪税控系统开具的增值税专用发票	15				—	—	—			
开具普通发票	16			—			—			—
未开具发票	17	—		—	—		—	—		—
合计	18=15+16+17	—			—		—	—		

增值税纳税申报表附列资料（附表一）填表说明，在这里强调 3 点。

（1）本表“一、按适用税率征收增值税货物及劳务的销售额和销项税额明细”和“二、简易征收办法征收增值税货物的销售额和应纳税额明细”部分中，“防伪税控系统开具的增值税专用发票”“非防伪税控系统开具的增值税专用发票”“开具普通发票”“未开具发票”各栏数据，均应包括销货退回或折让、视同销售货物、价外费用的销售额和销项税额，但不包括免税货物及劳务的销售额，适用零税率货物及劳务的销售额、出口执行免、抵、退办法的销售额，以及税务、财政、审计部门检查并调整的销售额、销项税额或应纳税额。

（2）本表“一、按适用税率征收增值税货物及劳务的销售额和销项税额明细”和“二、简易征收办法征收增值税货物的销售额和应纳税额明细”部分中，“纳税检查调整”栏数据，应填写纳税人本期因税务、财政、审计部门检查计算调整的应税货物、应税劳务的销售额、销项税额或应纳税额。

（3）本表“三、免征增值税货物及劳务销售额明细”部分中，“防伪税控系统开具的增值税专用发票”栏数据，填写本期因销售免税货物而使用防伪税控系统开具的增值税专用发票的份数、销售额和税额，包括国有粮食收储企业销售的免税粮食、政府储备食用植物油等。

提示

笔者在填写这张表的时候，填写完后怎么也保存不上，后来用了报表检查功能，这样有错误的地方会用“黄色”标示出来。只需要看一下有标示的地方，就知道哪里出了问题，这是我们国家的税务机关为纳税人着想的具体体现。

2.17.3 增值税纳税申报表附列资料（附表二）注意事项

增值税纳税申报表附列资料（附表二），如表2.8所示。

表2.8 增值税纳税申报表附列资料（附表二）

一、申报抵扣的进项税额				
项　目	栏　次	份　数	金　额	税　额
（一）认证相符的防伪税控增值税专用发票	1			
其中：本期认证相符且本期申报抵扣	2			
前期认证相符且本期申报抵扣	3			
（二）非防伪税控增值税专用发票及其他扣税凭证	4			
其中：海关完税凭证	5			
农产品收购凭证及普通发票	6			
废旧物资发票	7			
运输发票	8			
6%征收率	9			
4%征收率	10			
（三）期初已征税款	11	—	—	
当期申报抵扣进项税额合计	12			
二、进项税额转出额				
项　目	栏　次	税　额		
本期进项税转出额	13			
其中：免税货物用	14			
非应税项目用	15			
非正常损失	16			
按简易征收办法征税货物用	17			
免抵退税办法出口货物不得抵扣进项税额	18			
纳税检查调减进项税额	19			
未经认证已抵扣的进项税额	20			
	21			
三、待抵扣进项税额				
项　目	栏　次	份　数	金　额	税　额
（一）认证相符的防伪税控增值税专用发票	22	—	—	—
期初已认证相符但未申报抵扣	23			
本期认证相符且本期未申报抵扣	24			
期末已认证相符但未申报抵扣	25			
其中：按照税法规定不允许抵扣	26			

续表

（二）非防伪税控增值税专用发票及其他扣税凭证	27			
其中：17%税率	28			
13%税率或扣除率	29			
10%扣除率	30			
7%扣除率	31			
6%征收率	32			
4%征收率	33			
	34			
四、其他				
项　　目	栏　次	份　数	金　额	税　额
本期认证相符的全部防伪税控增值税专用发票	35			
期初已征税款挂账额	36	—	—	
期初已征税款余额	37	—	—	
代扣代缴税额	38	—	—	

增值税纳税申报表附列资料（附表二）填表说明，这里不一一列示了，强调下面几点。

（1）第 3 栏“前期认证相符且本期申报抵扣”，与第 23 栏“期初已认证相符但未申报抵扣”加第 24 栏“本期认证相符且本期未申报抵扣”，减第 25 栏“期末已认证相符但未申报抵扣”后数据相等。

（2）辅导期纳税人第 5 栏，填写本月税务机关告知的稽核比对结果通知书，以及其明细清单注明的稽核相符海关进口增值税专用缴款书、核查结果中允许抵扣的海关进口增值税专用缴款书的份数、金额、税额。

（3）辅导期纳税人第 8 栏，填写税务机关告知的稽核比对结果通知书，以及其明细清单注明的稽核相符运输费用结算单据、核查结果中允许抵扣的运输费用结算单据的份数、金额、税额。

（4）第 23 栏填写前期认证相符，但按照税法规定暂不予抵扣、结存至本期的防伪税控增值税专用发票和机动车销售统一发票，辅导期纳税人认证相符，但未收到稽核比对结果的防伪税控增值税专用发票和机动车销售统一发票月初余额数。该项应与上期“期末已认证相符但未申报抵扣”栏数据相等。

（5）第 24 栏填写为截至本期期末、按照税法规定仍暂不予抵扣，以及按照税法规定不允许抵扣，且已认证相符的防伪税控增值税专用发票和机动车销售统一发票情况；辅导期纳税人填写已认证相符但未收到稽核比对结果的防伪税控增值税专用发票和机动车销售统一发票月末余额数。

（6）第26栏“其中：按照税法规定不允许抵扣”，填写期末已认证相符，但未申报抵扣的防伪税控增值税专用发票和机动车销售统一发票，按照税法规定不允许抵扣，而只能作为出口退税凭证或应列入成本、资产等项目的防伪税控增值税专用发票和机动车销售统一发票。包括外贸出口企业用于出口而采购货物的防伪税控增值税专用发票。

（7）辅导期纳税人第28栏填写本月未收到稽核比对结果的海关进口增值税专用缴款书。

（8）增值税纳税申报表附列资料（附表二）所称的“本期进项税额明细”均包括固定资产进项税额。

2.17.4 辅导期纳税人与管理办法规定

浩　子 杨会计，这张表中有好几处都提到辅导期纳税人，这个我不太明白，您就再给我讲讲。（指着其中的一张表认真地问）

杨会计 嗯，好的。

增值税一般纳税人纳税辅导期管理办法规定如下。

第一条　新认定为一般纳税人的小型商贸批发企业实行纳税辅导期管理的期限为 3 个月；其他一般纳税人实行纳税辅导期管理的期限为 6 个月。

所谓“小型商贸批发企业”，是指注册资金在80万元（含80万元）以下、职工人数在10人（含10人）以下的批发企业。只从事出口贸易，不需要使用增值税专用发票的企业除外。

所谓“其他一般纳税人”，是指具有下列情形之一的一般纳税人，如图 2.19 所示。

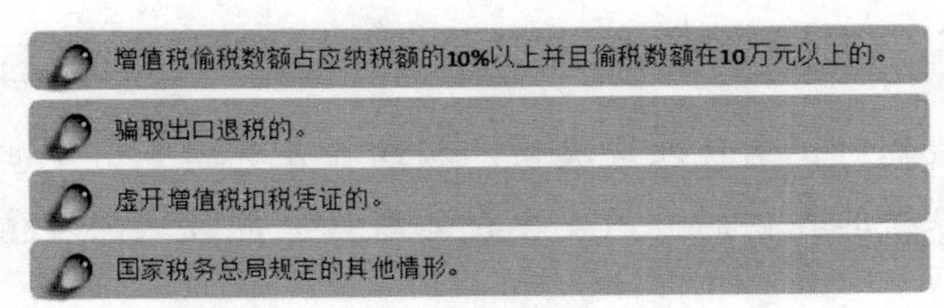

图 2.19 其他一般纳税人的情形

第二条 对新办小型商贸批发企业，主管税务机关应在规定的《税务事项通知书》内告知纳税人，对其实行纳税辅导期管理。纳税辅导期自主管税务机关制作《税务事项通知书》的当月起执行。对其他一般纳税人，主管税务机关应自稽查部门做出《税务稽查处理决定书》后 40 个工作日内，制作、送达《税务事项通知书》告知纳税人对其实行纳税辅导期管理，纳税辅导期自主管税务机关制作《税务事项通知书》的次月起执行。

第三条 辅导期纳税人取得的增值税专用发票（以下简称专用发票）抵扣联、海关进口增值税专用缴款书及运输费用结算单据应当在交叉稽核比对无误后，方可抵扣进项税额。

第四条 主管税务机关对辅导期纳税人实行限量限额发售专用发票。

- 实行纳税辅导期管理的小型商贸批发企业，领购专用发票的最高开票限额不得超过十万元；其他一般纳税人专用发票最高开票限额应根据企业实际经营情况重新核定。
- 辅导期纳税人专用发票的领购实行按次限量控制，主管税务机关可根据纳税人的经营情况核定每次专用发票的供应数量，但每次发售专用发票数量不得超过 25 份。

辅导期纳税人领购的专用发票未使用完而再次领购的，主管税务机关发售专用发票的份数，不得超过核定的每次领购专用发票份数与未使用完的专用发票份数的差额。

第五条 辅导期纳税人一个月内多次领购专用发票的，应从当月第二次领购专用发票起，按照上一次已领购并开具的专用发票销售额的 3% 预缴增值税，未预缴增值税的，主管税务机关不得向其发售专用发票。

提示

预缴增值税时，纳税人应提供已领购并开具的专用发票记账联，主管税务机关根据其提供的专用发票记账联计算应预缴的增值税。

第六条　辅导期纳税人按第九条规定预缴的增值税可在本期增值税应纳税额中抵减，抵减后预缴增值税仍有余额的，可抵减下期再次领购专用发票时应当预缴的增值税。

纳税辅导期结束后，纳税人因增购专用发票发生的预缴增值税有余额的，主管税务机关应在纳税辅导期结束后的第一个月内，一次性退还纳税人。

第七条　辅导期纳税人应当在“应交税金”科目下增设“待抵扣进项税额”明细科目，核算尚未交叉稽核比对的专用发票抵扣联、海关进口增值税专用缴款书及运输费用结算单据（以下简称增值税抵扣凭证）注明或者计算的进项税额。

小贴士

辅导期纳税人取得增值税抵扣凭证后，借记“应交税金—待抵扣进项税额”明细科目，贷记相关科目。交叉稽核比对无误后，借记“应交税金—应交增值税（进项税额）”科目，贷记“应交税金—待抵扣进项税额”科目。经核实不得抵扣的进项税额，红字借记“应交税金—待抵扣进项税额”，红字贷记相关科目。增值税一般纳税人一经认定后，不得再转为小规模纳税人。

2.18　专用发票巧规定

浩子的工作渐渐步入正轨。这天，侯经理让浩子给开 150 000 元的增值税发票，结果输了几次都没输好。急忙找杨会计帮忙。

杨会计 是超限额了！

第一次亲手做，浩子笨手笨脚地打印出一张发票，一看，坏了，三

联的增值税专用发票没对齐，发票联有一部分打到了纸质发票外面。

浩　子 怎么办呀？可不可以开红字冲销呀！

杨会计 作废是指当月的，在报税期内发现错误可以直接点击作废。红字冲销是指报税期过了，在以后月份发现错误，而且发票送达对方企业之前，可以用相同金额的红字冲销。现在你这张发票，直接在机器里点作废就行，然后在打印出来的发票上盖上作废章，收好待查。

浩　子 如果刚才我没发现发票上的错误，送到了对方企业，怎么办呢？（把开好的发票给侯经理）

杨会计给浩子传了个文件，是“国税发（2006）156”号文件，内容如下。

2.18.1 增值税专用发票使用规定

作废发票及销货退回的开具。

（1）一般纳税人在开具专用发票当月，发生销货退回、开票有误等情形，收到退回的发票联、抵扣联符合作废条件的，按作废处理；开具时发现有误的，可即时作废。

作废专用发票须在防伪税控系统中将相应的数据电文按“作废”处理，在纸质专用发票（含未打印的专用发票）各联次上注明“作废”字样，全联次留存。

（2）一般纳税人取得专用发票后，发生销货退回、开票有误等情形但不符合作废条件的，或者因销货部分退回及发生销售折让的，购买方应向主管税务机关填报《开具红字增值税专用发票申请单》（简称《申请单》），《申请单》所对应的蓝字专用发票应经税务机关认证。

经认证结果为“认证相符”并且已经抵扣增值税进项税额的，一般纳税人在填报《申请单》时不填写相对应的蓝字专用发票信息。

经认证结果为“纳税人识别号认证不符”、“专用发票代码、号码认证不符”的，一般纳税人在填报《申请单》时应填写相对应的蓝字专用发票信息。《申请单》一式三联：第一联由购买方留存；第二、三联由当地

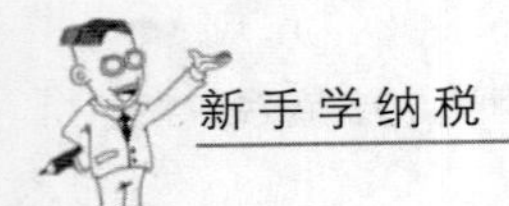

税务局留存。《申请单》应加盖一般纳税人财务专用章。当地税务局对一般纳税人填报的《申请单》和认证结果通知书进行审核后，出具《开具红字增值税专用发票通知单》（简称《通知单》）。

购买方必须暂依《通知单》所列增值税税额从当期进项税额中转出，未抵扣增值税进项税额的可列入当期进项税额，待取得销售方开具的红字专用发票后，与留存的《通知单》一并作为记账凭证。属于本规定第十四条第四款所列情形的，不作进项税额转出。

销售方凭购买方提供的《通知单》开具红字专用发票，在防伪税控系统中以销项负数开具。红字专用发票应与《通知单》一一对应。

杨会计 这上面详细讲解了发票作废、发生销货退回、开票有误等情形需要怎么处理。

浩　子 好的，我会对照文件执行的。（浩子把文件收藏起来）对了，杨会计，增值税发票这么重要，如果不小心丢失了，会有什么后果？

杨会计 我再给你传个文件，你仔细看啊。

2.18.2　丢失增值税专用发票处理

一般纳税人丢失已开具专用发票的发票联和抵扣联，如果丢失前已认证相符的，购买方凭销售方提供的发票记账联复印件及销售方所在地主管税务机关出具的《丢失增值税专用发票已报税证明单》，经购买方主管税务机关审核同意后，可作为增值税进项税额的抵扣凭证。

如果丢失前未认证的，购买方凭销售方提供的相应专用发票记账联复印件到主管税务机关进行认证，认证相符的凭该专用发票记账联复印件，及销售方所在地主管税务机关出具的《丢失增值税专用发票已报税证明单》，经购买方主管税务机关审核同意后，可作为增值税进项税额的抵扣凭证。

一般纳税人丢失已开具专用发票的发票联，可将专用发票抵扣联作为记账凭证，专用发票抵扣联复印件留存备查。专用发票抵扣联无法认证的，可使用专用发票的发票联到主管税务机关认证。专用发票的发票联复

印件留存备查。

如果是未开具的增值税专用发票丢失，按《中华人民共和国发票管理办法》第六章罚则，第三十六条违反发票管理法规的行为：未按照规定保管发票的，处 1 万元以下的罚款。另外要在当地税务报上申明作废，并将登报费用发票及报纸交当地国税部门。

杨会计 千万别在发票的管理上犯错误了。这都是法律上的明文规定。

说着杨会计又发来一个文件，是《中华人民共和国发票管理办法》。

2.18.3　发票开具与管理的法律责任

《中华人民共和国发票管理办法》第三十五条

违反本办法的规定，有下列情形之一的，由税务机关责令改正，可处 1 万元以下的罚款；有违法所得的予以没收：

（1）应当开具而未开具发票，或者未按照规定的时限、顺序、栏目，全部联次一次性开具发票，或者未加盖发票专用章的。

（2）使用税控装置开具发票，未按期向主管税务机关报送开具发票的数据的。

（3）使用非税控电子器具开具发票，未将非税控电子器具使用的软件程序说明资料报主管税务机关备案，或者未按照规定保存、报送开具发票的数据的。

（4）拆本使用发票的。

（5）扩大发票使用范围的。

（6）以其他凭证代替发票使用的。

（7）跨规定区域开具发票的。

（8）未按照规定缴销发票的。

（9）未按照规定存放和保管发票的。

第三十六条

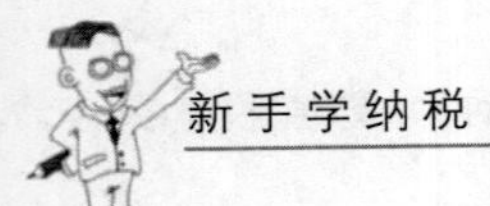

跨规定的使用区域携带、邮寄、运输空白发票，以及携带、邮寄或者运输空白发票出入境的，由税务机关责令改正，可以处1万元以下的罚款；情节严重的，处1万元以上3万元以下的罚款；有违法所得的予以没收。

丢失发票或者擅自损毁发票的，依照前款规定处罚。

第三十七条

违反本办法第二十二条第二款的规定虚开发票的，由税务机关没收违法所得；虚开金额在1万元以下的，可以并处5万元以下的罚款；虚开金额超过1万元的，并处5万元以上50万元以下的罚款；构成犯罪的，依法追究刑事责任。

非法代开发票的，依照前款规定处罚。

第三十八条

私自印制、伪造、变造发票，非法制造发票防伪专用品，伪造发票监制章的，由税务机关没收违法所得，没收、销毁作案工具和非法物品，并处1万元以上5万元以下的罚款；情节严重的，并处5万元以上50万元以下的罚款；对印制发票的企业，可以并处吊销发票准印证；构成犯罪的，依法追究刑事责任。

前款规定的处罚，《中华人民共和国税收征收管理法》有规定的，依照其规定执行。

第三十九条

有下列情形之一的，由税务机关处1万元以上5万元以下的罚款；情节严重的，处5万元以上50万元以下的罚款；有违法所得的予以没收：

（1）转借、转让、介绍他人转让发票、发票监制章和发票防伪专用品的；

（2）知道或者应当知道是私自印制、伪造、变造、非法取得或者废止的发票而受让、开具、存放、携带、邮寄、运输的。

第四十条

对违反发票管理规定2次以上或者情节严重的单位和个人，税务机

关可以向社会公告。

第四十一条

违反发票管理法规，导致其他单位或者个人未缴、少缴或者骗取税款的，由税务机关没收违法所得，可以并处未缴、少缴或者骗取的税款 1 倍以下的罚款。

杨会计 这中间，我们常常会违反的是第三十五条的第（2）项，即不按期报送开票数据，如果不按期报送的话，可以处 1 万元以下罚款。（提醒侯经理）前些日子，你不就是忘记交税被罚了嘛！以后报税时，一定要注意时限呀！

杨会计 做财务工作，不光能处理相关账务，要想做好、做精，还要熟悉相关的政策法律。掌握好政策，对企业有利的政策一定要会用，违法、违规的事千万要避免。

浩　子 那是肯定的，我得对我自己负责呀！如果空白的增值税发票丢失了，该怎么办呢？

杨会计 空白的增值税发票如果丢失，第一，马上向税务局电话挂失，尽快办理正式挂失手续，并按税务局要求登报作废。第二，尽快和税务局的人联系，丢失发票的处罚不轻，尤其是增值税专用发票，一般会有罚款、减量供应或者停止供应专用发票等处罚。适用的政策是：未按规定保管发票，由税务机关责令改正，可以并处 1 万元以下罚款。

2.19　优惠政策不会少

杨会计 对企业的业务进行税收筹划是非常必要的，但是要从企业的根本进行筹划，要从合同签署就开始，而不是等到收款交税时，到交税时所有的资料都定了，需要交什么税、交多少税、是否有税收优惠也就确定了，这时候只要依法计征，不存在筹划可言。

浩　子 那你快发给我关于税收优惠政策的资料，我好做企业税收筹划。

杨会计 好的，我都给你准备好了，马上就给你发过去。

增值税的优惠政策如表 2.9 所示。

表 2.9 增值税的优惠政策

分 类	政 策 法 规
农业产品	农业生产者销售的自产的农产品免征增值税
粮油	对承担国家粮食收储任务的粮食购销企业销售的粮食免征增值税
	军队用粮、救灾救济用粮、水库移民口粮等免征增值税
	享受免税优惠的国有粮食购销企业销售粮食，一律开具增值税专用发票，按一般纳税人认定、申报
饲料	免征增值税的饲料包括：单一大宗饲料、配合饲料、混合饲料、复合预混料、浓缩饲料（宠物饲料不免征增值税）
	农膜、氮肥、磷肥、以及以免税化肥为主要原料的复合肥、批发和零售的种子、种苗、化肥、农药、农机。有机肥及生产销售和批发、零售滴灌带、滴灌管等产品免征增值税
军工、公安、司法	军队系统为部队生产的武器及零件、弹药、部队装备免税。军需工厂等单位生产、销售、调拨给公安系统和国家安全系统的民警服装免税，军需工厂之间为生产军需品而互相协作的产品免税。但是对个销售交税。劳改工厂生产的民警服装销售给公安、司法及国家安全系统使用的，免征增值税。公安所属的机构生产的侦察保卫器材，凡销售给公安、司法及国家安全部门的免征增值税
资源综合利用	实行免征增值税的： （1）再生水 （2）经废旧轮胎为全部生产原料生产的胶粉 （3）翻新的轮胎 （4）生产原料中掺兑废渣比例不低于30%的特定建材产品 （5）污水处理 （6）对销售自产的综合利用生物柴油实行先征后退政策
	即征即退： （1）以工业废气为原料生产的高纯度二氧化碳产品 （2）以垃圾为燃料生产的电力或者热力（垃圾占燃料比例不低于80%） （3）以煤炭开采过程中伴生的舍弃物母页岩为原料生产的页岩油 （4）以废旧沥青混凝土生产的再生沥青混凝土 （5）采用旋窑法生产的水泥（水泥原料中废渣比例不低于30%）
	即征即退50%： （1）以退役军用发射药为原料生产的涂料硝化棉粉。退役军用发射药在生产原料中的比重不低于90% （2）对燃煤发电厂及各类工业企业产生的烟气、高硫天然气进行脱硫生产的副产品。副产品是指石膏（其二水硫酸钙含量不低于85%）、硫酸（其浓度不低于15%）、硫酸铵（其总氮含量不低于18%）和硫黄 （3）以废弃酒糟和酿酒底锅水为原料生产的蒸汽、活性炭、白炭黑、乳酸、乳酸钙、沼气。废弃酒糟和酿酒底锅水在生产原料中所占的比重不低于80% （4）以煤矸石、煤泥、石煤、油母页岩为燃料生产的电力和热力。煤矸石、煤泥、石煤、油母页岩用量占发电燃料的比重不低于60% （5）利用风力生产的电力 （6）部分新型墙体材料产品（详见“享受增值税优惠政策的新型墙体材料目录”）

续表

分 类	政策法规
电力	实行超过8%即征即退： （1）三峡电站 （2）葛洲坝电站 （3）黄河上游水电开发 对农村电管站在收取电价时一并向用户收取的农村电网维护费免征增值税
医疗卫生	关于非营利性医疗机构的税收政策如下。 （1）对非营利性医疗机构按照国家规定的价格取得的医疗服务收入，免征各项税收 （2）非营利性医疗机构将取得的非医疗服务收入，直接用于改善医疗卫生服务条件的部分，经税务部门审核批准可抵扣其应纳税所得额，就其余额征收企业所得税 （3）对非营利性医疗机构自产自用的制剂，免征增值税 （4）非营利性医疗机构的药房分离为独立的药品零售企业，应按规定征收各项税收 （5）对于血站供应给医疗机构的临床用血免征增值税 （6）属于增值税一般纳税人的单采血浆站销售非临床用人体血液，可以按照简易办法依6%征收率计算应纳税额
修理修配	对飞机修理修配业务实行超过6%即征即退 对铁路系统内部单位为本系统修理货车的业务免征增值税
煤气	对是增值税一般纳税人的煤层气抽采企业的销售煤层气实行先征后退
外国援助	对外国政府、国际组织无偿援助的进口物资免征增值税 直接用于科学研究、科学试验和教学的进口仪器、设备免征增值税
免税进口	经批准销售免税物品的公司对免税商品的批发、调拨进口免税货物，不征税 免税单位及其所属免税商店零售的进口免税品按6%征收率计税
供热	对供热企业向居民个人供热而取得的收入免征增值税
软件产品	增值税一般纳税人销售其自行开发生产的软件产品按17%征收增值税后，对其实际税负超过3%的部分实行即征即退

杨会计 好好看看这表格，不用都记住，况且你一下子也记不住那么多。只要把政策大概要点记住就行，用多了也就记住了，不必死记硬背。

2.20 每章小练

1. 我国从什么时候开始实行消费型增值税？

答案：2009 年 1 月 1 日。

分析：我国从 2009 年 1 月 1 日起开始实行消费型增值税，各企业在处置固定资产时一定要注意。

2. 纳税人销售货物而出租出借包装物收取的押金，缴纳增值税的说法错误的是（　　）。

A. 除酒类外，单独记账核算的，并逾期的包装物押金，并入销售额征税

B. 酒类包装物押金，一律并入销售额计税

C. 逾期的计入销售额，未逾期的不计入销售额

D. 对销售除啤酒、黄酒外的其他酒类产品收取的包装物押金，均应并入当期销售额征税，其他货物押金，单独记账且未逾期者，不计算缴纳增值税

E. 无论会计如何核算，均应并入销售额计算缴纳增值税

答案：ABCE

3. 印刷没有统一刊号的图书、资料缴纳增值税的税率是（　）。

A. 13%　　　B. 6%　　　C. 17%　　　D. 0%

答案：C

4. 某企业为增值税的一般纳税人。1996年3月购入生产甲产品的原材料，共支付进项税额为160 000元。本月对外销售甲产品500台，每台售价为8 000元，当月即收回全部货款。因而，该企业给予销售机构5%的销售折扣。企业用以旧换新的方式对外销售了10台甲产品，旧产品每台折价2 000元；另拨付两台甲产品给幼儿园使用。经确定，生产这两台产品购入原材料等所支付进项税额为500元，又拨100台甲产品给外地的分支机构进行销售。计算月底该公司应交纳增值税额。

答案：

（1）销售折扣不能从销售额扣除。

（2）以旧换新的旧产品折价不能从销售额中去除。

（3）该企业本月应纳增值税额为：

（500+10+2+100）×8 000×17%-160 000=672 320（元）

2.21　经验总结

增值税是国家最重要的税种，税务机关对其管理极其严格，任何企业不应企图在增值税方面做文章。在百度搜索“虚开增值税发票”，能收到六十多万条信息，每年因此获罪坐牢的不下百人。这属于重罪，一旦发现严惩不贷。

CHAPTER 3

有收入就要纳税：企业所得税

浩子的工作进展很顺利，有了前几次的教训，现在每月都按时交税，纳税申报表越填越熟练了。

可是在这一次的报税中浩子又遇到了一个新的税种——企业所得税，现在大家和浩子一起来看看吧！

3.1 关注企业所得税

转眼就到十月份，浩子跟以前一样认真填写增值税纳税申报表、资产负债表、利润表、固定资产抵扣表，然后写卡，可是这次却没有成功，提示有未完成的报表。

3.1.1 企业所得税（季度）的纳税申报表

浩子又返回去仔细一看，还有一张企业所得税（季度）的纳税申报表，如表 3.1 所示。

表 3.1 企业所得税（季度）的纳税申报表

中华人民共和国

企业所得税月（季）度预缴纳税申报表（A类）

税款所属期间：　　年　　月　　日至　　年　　月　　日

纳税人地税计算机代码：　　　　○ 汇总纳税：　　○ 总 机 构　　⊙独立纳税

　　　　　　　　　　　　　　　　　　　　　　　○ 分支机构

纳税人识别号 ：

纳税人名称:　　　　　　　　　　　　　　　　　　金额单位：人民币元（列至角分）

<table>
<tr><th>行　次</th><th colspan="2">项　目</th><th>本期金额</th><th>累计金额</th></tr>
<tr><td>1</td><td colspan="4">一、据实预缴</td></tr>
<tr><td>2</td><td colspan="2">营业收入</td><td></td><td></td></tr>
<tr><td>3</td><td colspan="2">营业成本</td><td></td><td></td></tr>
<tr><td>4</td><td colspan="2">实际利润额</td><td></td><td></td></tr>
<tr><td>5</td><td colspan="2">税率（25%）</td><td></td><td></td></tr>
<tr><td>6</td><td colspan="2">应纳税所得额（4行×5行）</td><td></td><td></td></tr>
<tr><td>7</td><td colspan="2">减免所得税额</td><td></td><td></td></tr>
<tr><td>8</td><td colspan="2">实际已预缴所得税额</td><td></td><td></td></tr>
<tr><td>9</td><td colspan="2">应补退的所得税额（6行-7行-8行）</td><td></td><td></td></tr>
<tr><td>10</td><td colspan="4">按照上一纳税年度应纳税所得额的平均额预缴</td></tr>
<tr><td>11</td><td colspan="2">上一纳税年度应纳税所得额</td><td></td><td></td></tr>
<tr><td>12</td><td colspan="2">本月（季）应纳税所得额</td><td></td><td></td></tr>
<tr><td>13</td><td colspan="2">税率（25%）</td><td></td><td></td></tr>
<tr><td>14</td><td colspan="2">本月（季）应纳所得税额（12行×13行）</td><td></td><td></td></tr>
<tr><td>15</td><td colspan="4">按照税务机关确定的其他方法预缴</td></tr>
<tr><td>16</td><td colspan="2">本月（季）确定预缴的所得税额</td><td></td><td></td></tr>
<tr><td>17</td><td colspan="4">总分机构纳税人</td></tr>
<tr><td>18</td><td rowspan="4">总机构</td><td>总机构应分摊的所得税额（9行或14行或16行×25%）</td><td></td><td></td></tr>
<tr><td>19</td><td>中央财政集中分配的所得税额（9行或14行或16行×25%）</td><td></td><td></td></tr>
<tr><td>20</td><td>分支机构分摊的所得税额（9行或14行或16行×25%）</td><td></td><td></td></tr>
<tr><td>20.1</td><td>其中：总机构缴纳其独立生产经营部门分摊的所得税额</td><td></td><td></td></tr>
<tr><td>21</td><td rowspan="2">分机构</td><td>分配比例</td><td></td><td></td></tr>
<tr><td>22</td><td>分配的所得税额（20行×21行）</td><td></td><td></td></tr>
<tr><td colspan="5">谨声明：此纳税申报表是根据《中华人民共和国企业所得税法》《中华人民共和国企业所得税法实施条例》和国家有关税收规定填报的，是真实的、可靠的、完整的。
法定代表人（签字）：　　　　年　月　日</td></tr>
<tr><td colspan="2">纳税人公章：
会计主管：
填表日期：　　年　月　日</td><td colspan="2">代理申报中介机构公章：
经办人：
经办人执业证件号码：
代理申报日期：　年　月　日</td><td>主管税务机关受理专用章：
受理人：
受理日期：　年　月　日</td></tr>
</table>

这下可让浩子发愁了，浩子带着疑问打印了一份空表，然后拿着表格去找杨会计。正当浩子准备出去时，杨会计恰好来到公司的门口。

浩　子 杨会计，你真是我的救星呀！快来看看这个，这个月有一份企业所得税的季度申报表，我以前都没填过，不知道该怎么填，想请您帮忙。

杨会计 我先从企业所得税说起吧，走，咱进去说。

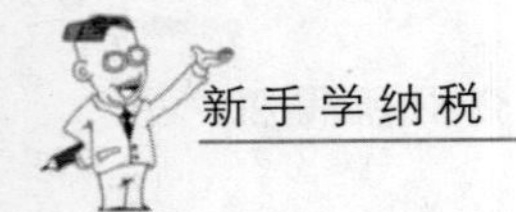

3.1.2 企业所得税的内容

企业所得税是对我国境内的企业和其他取得收入的组织的生产经营所得和其他所得征收的所得税。

其中，企业分为居民企业和非居民企业。居民企业是指依法在中国境内成立，或者依照外国（地区）法律成立但实际管理机构在中国境内的企业；非居民企业是指依照外国（地区）法律成立且实际管理机构不在中国境内，但在中国境内设立机构、场所的，或者在中国境内未设立机构、场所，但有来源于中国境内所得的企业。

居民和非居民企业的判断标准：注册地或实际管理机构所在地，二者有其一就可认定。不同的企业有不同的纳税标准，如表 3.2 所示。

表 3.2 居民企业与非居民企业比较表

纳税人	判断标准	纳税范围	征税对象
居民企业	（1）依照中国法律、法规在中国境内成立的企业 （2）依照外国（地区）法律成立但实际管理机构在中国境内的企业	包括：国有、集体、私营、联营、股份制等各类企业；外商投资企业和外国企业；有生产经营所得和其他所得的其他组织；不包括：个人独资企业和合伙企业（适用个人所得税）	来源于中国境内、境外的所得征税
非居民企业	（1）依照外国（地区）法律、法规成立且实际管理机构不在中国境内，但在中国境内设立机构、场所的企业 （2）在中国境内未设立机构、场所，但有来源于中国境内所得的企业	在中国境内从事生产经营活动的机构、场所，包括： （1）管理机构、营业机构、办事机构 （2）工厂、农场、开采自然资源的场所 （3）提供劳务的场所 （4）从事建筑、安装、装配、修理、勘探等工程作业的场所 （5）其他从事生产经营活动的机构、场所	来源于中国境内的所得征税

浩　子 这下我明白哪些企业应当缴纳企业所得税了。

杨会计 嗯，你应该知道怎么填吧？

浩　子 企业所得税的基本税率是 25%， 如果企业有所得税上的优惠，那就要到税务所去备案，这样税率就会相应调整。

杨会计 不错，不错。

浩　子 杨会计，你帮我看看我列的所得税税率表，看还有没有漏掉的。

3.1.3 企业所得税税率表

浩子打开在电脑里列好的税率的章节，指着一个表格让杨会计看（企业所得税税率表，见表 3.3）。

表 3.3 企业所得税税率表

种类	税率	适用范围
基本税率	25%	适用于居民企业和在中国境内设有机构、场所且所得与机构、场所有关联的非居民企业
优惠税率	减按20%	符合条件的小型微利企业
	减按15%	国家重点扶持的高新技术企业
	10%	适用于在中国境内未设立机构、场所的或者虽设立机构、场所但取得的所得与其所设机构、场所没有实际联系的非居民企业

浩 子 是不是掌握这些内容，企业所得税就没问题了？

杨会计 别太心急！这些只是其中的一小部分，还有很多别的内容呢。

3.2 一般收入的确认

杨会计指着企业所得税的纳税申报表。

杨会计 看这张表（表 3.1），上面有个应纳税所得额，这是计算所得税的依据。按照企业所得税法的规定，应纳税所得额为企业每一个纳税年度的收入总额，减除不征税收入、免税收入、各项扣除及允许弥补的以前年度亏损后的余额。有两种方法可以算出来。

（1）计算公式 1（直接法）。

应纳税所得额＝收入总额－不征税收入－免税收入－各项扣除－以前年度亏损。

（2）计算公式 2（间接法）。

应纳税所得额＝会计利润＋纳税调整增加额－纳税调整减少额。

看着杨会计列出的公式，浩子认真地询问。

浩　子 杨会计，依我对您的了解，您还会接着给我详细讲解企业所得税的。

杨会计 哈哈，说到企业所得税，不能不说的就是收入。

收入的含义：企业的收入总额包括以货币形式和非货币形式从各种来源取得的收入；纳税人以非货币形式取得的收入，应当按照公允价值确定收入额。公允价值是指按照市场价格确定的价值。

收入的确认包括：一般收入的确认和特殊收入的确认。这里先讲解一般收入的确认。

（1）销售货物收入，是指企业销售商品、产品、原材料、包装物、低值易耗品及其他存货取得的收入。

（2）劳务收入。

（3）转让财产收入，是指企业转让固定资产、生物资产、无形资产、股权、债权等财产取得的收入。

（4）企业转让股权收入，应于转让协议生效且完成股权变更手续时，确认收入的实现。转让股权收入扣除为取得该股权所发生的成本后，为股权转让所得。企业在计算股权转让所得时，不得扣除被投资企业未分配利润等股东留存收益中按该项股权所可能分配的金额。

（5）股息、红利等权益性投资收益，包括如下内容。

- 为持有期分回的税后收益。
- 按照被投资方做出利润分配决定的日期确认收入的实现。

（6）利息收入包括如下内容。

- 按照合同约定的债务人应付利息的日期确认收入的实现。
- 国债利息收入。

（7）租金收入，是指企业提供固定资产、包装物或者其他有形资产的使用权取得的收入。租金收入按照合同约定的承租人应付租金的日期确认收入的实现。

其中，如果交易合同或协议中规定租赁期限跨年度，且租金提前一次性支付的，根据收入与费用配比原则，出租人可对上述已确认的收入，在租赁期内，分期均匀计入相关年度收入。

（8）特许权使用费收入，是指企业提供专利权、非专利技术、商标权、著作权及其他特许权的使用权取得的收入。特许权使用费收入，按照合同约定的特许权使用人应付特许权使用费的日期确认收入的实现。

（9）接受捐赠收入，接受捐赠的内容如图 3.1 所示。

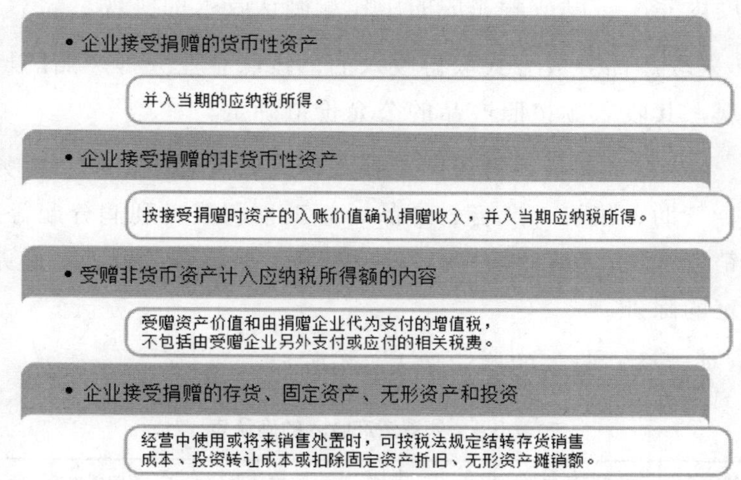

图 3.1　接受捐赠的内容

（10）其他收入，是指企业取得的除以上收入外的其他收入，包括企业资产溢余收入、逾期未退包装物押金收入、确实无法偿付的应付款项、已做坏账损失处理后又收回的应收款项、债务重组收入、补贴收入、违约金收入、汇兑收益等。

3.3　特殊收入的确认

杨会计 接下来看看特殊收入的确认。

（1）以分期收款方式销售货物的，按照合同约定的收款日期确认收入的实现。

【例 1】中美企业发生分期收款销售业务，合同约定 2015 年 6 月 31 日收 50%的货款，另外 50%货款于 2017 年 3 月 31 日支付。到 2017 年 3 月 31 日，对方企业只支付了货款的 30%，企业应按什么计算企业所得税的应纳税所得额？

答案：应按合同约定计算企业所得税的应纳税所得额。

（2）企业受托加工制造大型机械设备、船舶、飞机，以及从事建筑、安装、装配工程业务或者提供其他劳务等，持续时间超过 12 个月的，按照纳税年度内完工进度或者完成的工作量确认收入的实现。

（3）采取产品分成方式取得收入的，按照企业分得产品的日期确认收入的实现，其收入额按照产品的公允价值确定。

（4）企业发生非货币性资产交换，以及将货物、财产、劳务用于捐赠、偿债、赞助、集资、广告、样品、职工福利或者利润分配等用途的，应当视同销售货物、转让财产或者提供劳务。但国务院财政、税务主管部门另有规定的除外。

（5）处置资产收入的确认如表 3.4 所示。

表 3.4　处置资产收入的确认表

内部处置资产——不视同销售确认收入	资产移送他人——视同销售确定收入
（1）将资产用于生产、制造、加工另一产品	（1）用于市场推广或销售
（2）改变资产形状、结构或性能	（2）用于交际应酬
（3）改变资产用途（如自建商品房转为自用或经营）	（3）用于职工奖励或福利
（4）将资产在总机构及其分支机构之间转移	（4）用于股息分配
（5）上述两种或两种以上情形的混合	（5）用于对外捐赠
（6）其他不改变资产所有权属的用途	（6）其他改变资产所有权属的用途

企业发生视同销售情形时，属于企业自制的资产，应按企业同类资产同期对外销售价格确定销售收入（按移送的存货成本结转成本）；属于外购的资产，可按购入时的价格确定销售收入（按购入时的价格结转成本）。

（6）采用售后回购方式销售商品，销售的商品按售价确认收入，回购的商品作为购进商品处理。

（7）以旧换新销售商品，按照销售商品收入确认条件确认收入，回收的商品作为购进商品处理。

（8）折扣包括以下 3 种内容，如图 3.2 所示。

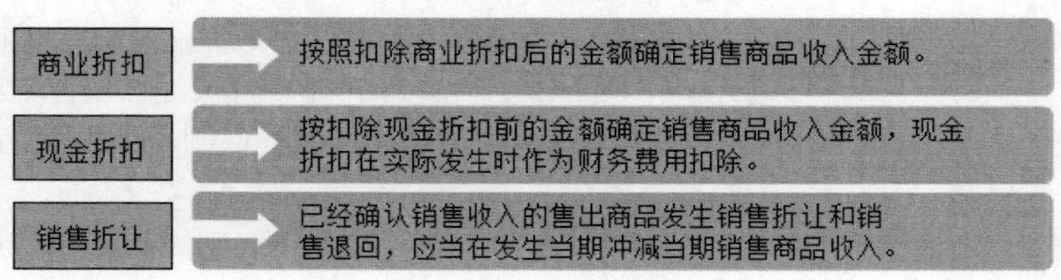

图 3.2　折扣的内容

（9）以买一赠一方式组合销售本企业商品，不属于捐赠，应将总的销售金额按各项商品的公允价值的比例来分摊确认各项的销售收入。

【例 2】中美企业以买一赠一方式销售商品，买一台笔记本电脑，赠送耳机，不含税价 5 600 元，笔记本电脑不含税单价为 5 600 元，耳机不含税单价为 50 元。计算笔记本电脑和耳机的销售价格。

计算步骤如下。

第 1 步　含税总价：5 600×（1+17%）=6 552（元）。

第 2 步　笔记本电脑含税价：6 552×5 600/（5 600+50）=6 494.02（元）。

第 3 步　耳机含税价：6 552×50/（50+5 600）=57.98（元）。

答案：笔记本电脑的销售价为 6 494.02 元，耳机的销售价为 57.98 元。

3.4 收入确认的时间

杨会计 收入确认，就得看看确认的时间。各项收入确认的时间，归纳如表 3.5 所示。

表 3.5 计税收入确认的时间

序　　号	收入项目	收入确认时间
1	商品销售收入	（1）销售商品采用托收承付方式的，在办妥托收手续时确认收入 （2）销售商品采取预收款方式的，在发出商品时确认收入 （3）销售商品需要安装和检验的，在购买方接受商品及安装和检验完毕时确认收入。如果安装程序比较简单，可在发出商品时确认收入 （4）销售商品采用支付手续费方式委托代销的，在收到代销清单时确认收入
2	劳务收入	（1）安装费。应根据安装完工进度确认收入。安装工作是商品销售附带条件的，安装费在确认商品销售实现时确认收入 （2）宣传媒介的收费。应在相关的广告或商业行为出现于公众面前时确认收入。广告的制作费，应根据制作广告的完工进度确认收入 （3）软件费。为特定客户开发软件的收费，应根据开发的完工进度确认收入 （4）服务费。包含在商品售价内可区分的服务费，在提供服务的期间分期确认收入 （5）特许权费。属于提供设备和其他有形资产的特许权费，在交付资产或转移资产所有权时确认收入；属于提供初始及后续服务的特许权费，在提供服务时确认收入
3	企业转让股权收入	转让协议生效且完成股权变更手续时，确认收入的实现
4	股息、红利等权益性投资收益	除国务院财政、税务主管部门另有规定外，按照被投资方做出利润分配决定的日期确认收入的实现
5	利息收入	按照合同约定的债务人应付利息的日期确认收入的实现
6	租金收入	按照合同约定的承租人应付租金的日期确认收入的实现 如果交易合同或协议中规定租赁期限跨年度，且租金提前一次性支付的，根据《实施条例》第九条规定的收入与费用配比原则，出租人可对上述已确认的收入，在租赁期内，分期均匀计入相关年度收入
7	特许权使用费收入	按照合同约定的特许权使用人应付特许权使用费的日期确认收入的实现
8	接受捐赠收入	按照实际收到捐赠资产的日期确认收入的实现
9	企业取得财产（包括各类资产、股权、债权等）转让收入、债务重组收入、接受捐赠收入、无法偿付的应付款收入等	不论是以货币形式还是以非货币形式体现，除另有规定外，均应一次性计入确认收入的年度计算缴纳企业所得税

【例 3】北京市某工业企业，系增值税一般纳税人，2017 年 4 月与本市 A 企业签订两份供货合同，一份合同销售额为 6 000 万元（不含税），

货款预付。2017 年 5 月企业将货物发出，开具了增值税专用发票。另一份合同销售额也为 6 000 万元（不含税），货物已发出，货款分三次等额支付，2017 年 4 月支付第一批货款，5 月支付第二批货款，6 月支付第三批货款。

计算：

第 1 步　企业 2017 年 4 月应确认的收入。

第 2 步　企业 2017 年 5 月应确认的收入。

第 3 步　企业 2017 年 6 月应确认的收入。

计算步骤如下。

第 1 步　计算企业 2017 年 4 月应确认的收入。

6 000/3＝2 000（万元）。

分析：预收货款的货物，在商品发出时确认收入。

第 2 步　计算企业 2017 年 5 月应确认的收入。

6 000+6 000/3＝8 000（万元）。

分析：5 月预收货款的商品发出，可以确认收入。

第 3 步　计算企业 2017 年 6 月应确认的收入。

6 000/3＝2 000（万元）。

分析：分期收款的商品，在合同确定的收款日，确认收入。

虽然税法是这样规定的，但税务所在执行时，按这种方法会比较困难，实际执行中他们只认开票的时间，就是什么时候开票，什么时候确认收入。因为出现“比对不符的票据”时会很麻烦。看来，财务人员在实际中也要尽量保证开票的时间与确认收入的时间一致。

浩　子 杨会计，收入的确认中还有需要注意的吗？

杨会计 当然有，而且还很重要。收入中还有一部分是免税和不征税收入，只有掌握了这两部分，才能得出一个计税收入额。

浩 子 啊？这么复杂呀！

杨会计 慢慢来，先把收入搞清楚了。现在先来看不征税的收入有哪些。

3.5 不征税的收入

不征税的收入包括如下内容。

（1）财政拨款。

（2）依法收取并纳入财政管理的行政事业性收费、政府性基金。

（3）国务院规定的其他不征税收入，是指企业取得的，由国务院财政、税务主管部门规定专项用途并经国务院批准的财政性资金。

财政性资金，是指企业取得的来源于政府及其有关部门的财政补助、补贴、贷款贴息，以及其他各类财政专项资金，包括直接减免的增值税和即征即退、先征后退、先征后返的各种税收，但不包括企业按规定取得的出口退税款。

企业的不征税收入用于支出所形成的费用，不得在计算应纳税所得额时扣除；企业的不征税收入用于支出所形成的资产，其计算的折旧、摊销不得在计算应纳税所得额时扣除。

看到这里，杨会计接着举例。

杨会计 比如咱们公司 10 月份刚收到的那笔中小企业创新基金和千人计划的款项都适用这条，不征企业所得税。

浩 子 企业发生不征税收入能直接减免吗？

杨会计 在企业所得税的季报里不显示的，但是在企业所得税的年报里有不征税收入的栏目，也要填报。到年底遇到时我再告诉你吧。

3.6 免税收入

免税收入有以下 3 项内容（见图 3.3）。

国家利息收入	为了鼓励企业积极购买国债，支援国家建设，税法规定，企业因购买国债所得的利息收入，免征企业所得税。
免税的国债利息	指到期的利息收入，不是中途转让的收益。
居民企业间股息	是指居民企业直接投资于其他居民企业取得的投资收益。

图 3.3 免税收入的内容

【例 4】某公司 2017 年取得直接投资境内居民企业分配的股息收入 110 万元，商品销售收入 450 万元，企业购买国债利息收入 20 万元，计算应纳税收入额。

计算步骤如下。

第 1 步 收入总额：110+450+20=580（万元）。

第 2 步 扣除免税收入：580−110−20=450（万元）。

答案：应纳税收入额为 450 万元。

温馨提示

非营利组织的收入，不包括非营利组织从事营利性活动取得的收入。

非营利组织的免税收入如图 3.4 所示。

- 接受其他单位或者个人捐赠的收入。
- 除财政拨款以外的其他政府补助收入，不包括政府购买服务取得的收入。
- 按照省级以上民政、财政部门规定收取的会费。
- 不征税收入和免税收入孳生的银行存款利息收入。
- 财政部、国家税务总局规定的其他收入。

图 3.4 非营利组织的免税收入

3.7 核算税率得仔细

杨会计 还有就是你得会算企业所得税。

浩　子 这个没问题，您看前面我算得不是挺好的嘛！

杨会计 那只是最基础的，熟能生巧嘛，多练练。先看看这道题。

3.7.1　计算企业所得税实例

【例 5】某外资皮鞋制造有限公司（增值税一般纳税人），于 2000 年成立，2017 年财务资料显示如下（暂不考虑城建税及教育费附加）。

（1）自产皮鞋销售收入 18 000 万元，销售成本为 9 000 万元，其他业务收入 320 万元，其他业务成本为 210 万元，投资收益为 200 万元（系从被投资的居民企业分回的投资收益）。

（2）管理费用为 1 200 万元，其中业务招待费为 140 万元。

（3）财务费用为 324 万元，其中，持有外币的存款年终汇兑损失 68 万元，外币流动负债的年终汇兑损失 22 万元。向商业银行贷款 1 800 万元，年利息支出 100 万元，经批准向职工集资借款 360 万元，年利息支出 68 万元。

（4）营业外支出账户共计 613 万元，其中列支被工商行政管理部门罚款 10 万元、变卖固定资产损失 72 万元，盘亏固定资产损失 53 万元，以上固定资产的损失企业均自行计算扣除。

根据上述资料和税法有关规定，回答下列问题。

（1）2017 年管理费用的纳税调整金额为（　　）万元。

A. 56.35　　B. 56　　C. 36　　D. 46

（2）2017 年财务费用纳税调整金额为（　　）万元。

A. 48　　B. 37　　C. 0　　D. 56

（3）2017 年营业外支出的纳税调整金额为（　　）万元。

A. 53　　B. 10　　C. -10　　D. 63

（4）2017 年应纳所得税额为（　　）万元。

A. 349.57　　B. 1 787.50　　C. 946.70　　D. 1 174.14

浩　子　还有这么复杂的题呀！看来我真得仔细算算了。

计算步骤如下。

第 1 步　计算 2017 年管理费用的纳税调整金额。

①计算招待费实际发生额的 60%。

140×60%=84（万元）。

②计算收入总额的 5%。

（18 000+320）×5%=91.6（万元）。

计算纳税调整额。

税前可扣除 84 万元，实际发生 140 万元，那么需要调整的金额为 140-84=56（万元）。

本题答案是 B。

第 2 步　计算 2017 年财务费用纳税调整金额。

①计算外币兑换损益可以税前扣除的金额。

68+22=90（万元）。

②商业银行的 1 800 万元借款利息 100 万元可以税前扣除。

③向员工借款的利息比照商业银行利息。

100/1 800×360=20（万元）。实际发生 68 万元，调整 48 万元。

2017 年财务费用纳税调整金额为 48 万元，本题选 A。

第 3 步　计算 2017 年营业外支出的纳税调整金额。

分析：工商行政管理部门罚款为行政罚款，不得税前扣除。企业发生的存货盘亏、毁损等损失须经税务机关审批后才能扣除。

营业外支出纳税调整金额＝53+10=63（万元）。

本题选 D

第 4 步　计算 2017 年应纳所得税额。

计算应纳税所得额。

18 000＋320-9 000-1 200＋56-324＋48-613+63-200＝7 150（万元）。

税率为 25%。

应纳所得税额为：

7 150×25%=1 787.50（万元）。

本题答案为 B。

终于做完，真是难呀！最后一题还是杨会计指点了一下，浩子才做出来的。

3.7.2 杨会计收藏的精华题

杨会计兴奋地拿着一张问卷。

杨会计 快来看看我收藏的题中的精华，对你肯定有帮助。

【例 6】北京某企业由于运营资金紧张，由企业股东代替企业向银行借了 400 万元，股东确实将 400 万元用于企业的生产经营，而且银行利息由企业来支付。

请问：本例中利息支出取得的凭证能否作为税前扣除的依据？

答：不能作为企业税前扣除凭证。

分析：由于是股东代替企业借款，所以银行开出的信息凭证上写的是股东而非企业名称。

【例 7】2016 年 4 月深圳某企业领导坐飞机到北京出差，后由于不慎丢失了机票，找到后，于 2017 年来报销，请问该项支出能否在税前抵扣？是否要纳税调整。

答：不能在税前抵扣，应做纳税调整。

分析：根据权责发生制的原则，这种属于“以前年度的发票”不得在当年应纳税所得额中抵减。

【例 8】北京某企业外购固定资产没取得发票，用一张办公用品的发票代替，请问：企业所取得的相关凭证能否在税前抵扣？

答：不能在税前抵扣。

分析：发票开具内容、发票类型与真实业务不符，不能在税前抵扣。

【例 9】北京某企业取得一张由本市某宾馆开具的住宿发票 2 万元，企业将其作为差旅费报销，是否可以？

答：不可以。

分析：一般在企业所在地的住宿发票应计入业务招待费，不能计入差旅费。

【例 10】某企业与其他企业共同租赁一幢办公用房，共用水、电，由于无法取得相关的水电发票，企业只好以白条形式在税前列支了发生的相关税费。

问：这种白条能否在税前列支？企业应该怎么做？

答：不能用白条在税前列支！与其他企业共用水、电的，应以双方的租用合同、电力和供水公司出具给出租方的原始水、电发票或复印件、经双方确认的用水、电量分割单等凭证，据实进行税前扣除。

【例 11】某公司与其他公司因商标侵权产生纠纷，后经判决付补偿款 50 万元。

问：这 50 万元补偿款公司能不能在所得税前抵扣，如能列支所附的凭证是什么？

答：公司因商标侵权产生的赔偿是经济纠纷，可以凭能够证明有关支出确属已经实际发生的真实、合法的法院判决书、裁决书及对方收取款项收据等在税前据实扣除。

【例 12】某企业由于没有真实业务而取得的发票，能不能在税前扣除？

答：不能，因为违反了发票管理办法，取得的发票不合法。

【例 13】某企业由于丢失已认证过的增值税专用发票，后又从对方

企业取得了记账联的复印件，能不能在税前扣除？

答：可以税前扣除。

分析：因为已认证通过。根据增值税发票管理办法，可税前扣除。

企业税前抵扣容易忽视的调整项目：以“无抬头”、“抬头名称不是本企业”、“抬头为个人”、“以前年度发票”、“假发票”、“附件不齐全的发票”、“与经济内容或经营活动不相符合的发票”为依据列支成本、费用，违背成本、费用列支的真实性原则，应当进行纳税调整。

浩　子 杨会计，这些在学校的课本上都是没有的。

杨会计 这可是我一点一点地积累下来的。

浩　子 太谢谢杨会计了，那我可得好好地看。

3.8　纳税申报表的填写

周末，浩子早早起床，收拾一番就去他姑姑家。原来浩子的姑姑也是一名会计，这下子浩子能“偷学”几招。

浩　子 姑姑，这个表格填写时还要注意什么呢？

浩子姑姑 企业季末可以自行弥补亏损，你先看看这个企业所得税季报和年报的表格，有什么不明白的，都可以问我。

浩子打开文件开始看起来。企业所得税的报表，如表3.6～表3.17所示。

表3.6　中华人民共和国企业所得税年度纳税申报表（A类）

税款所属期间：　年　月　日　至　年　月　日　纳税人名称：
纳税人识别号：□□□□□□□□□□□□□□□□□□□□　金额单位：元（列至角分）

类　别	行　次	项　目	金　额
利润总额计算	1	一、营业收入（填附表一）	0
	2	减：营业成本（填附表二）	0
	3	营业税金及附加	0
	4	销售费用（填附表二）	
	5	管理费用（填附表二）	348 073.11
	6	财务费用（填附表二）	−815.32

续表

类　别	行 次	项　　目	金　额
	7	资产减值损失	0
	8	加：公允价值变动收益	0
	9	投资收益	0
	10	二、营业利润	−347 257.79
	11	加：营业外收入（填附表一）	0
	12	减：营业外支出（填附表二）	0
	13	三、利润总额（10+11−12）	−347 257.79
应纳税所得额计算	14	加：纳税调整增加额（填附表三）	7522.40
	15	减：纳税调整减少额（填附表三）	0
	16	其中：不征税收入	0
	17	免税收入	0
	18	减计收入	0
	19	减：免税项目所得	0
	20	加计扣除	0
	21	抵扣应纳税所得额	
	22	加：境外应税所得弥补境内亏损	
	23	纳税调整后所得（13+14−15+22）	−339 735.39
	24	减：弥补以前年度亏损（填附表四）	
	25	应纳税所得额（23−24）	
应纳税额计算	26	税率（25%）	0
	27	应纳所得税额（25×26）	0
	28	减：减免所得税额（填附表五）	0
	29	减：抵免所得税额（填附表五）	0
	30	应纳税额（27−28−29）	0
	31	加：境外所得应纳所得税额（填附表六）	0
	32	减：境外所得抵免所得税额（填附表六）	0
	33	实际应纳所得税额（30+31−32）	0
	34	减：本年累计实际已预缴的所得税额	0
	35	其中：汇总纳税的总机构分摊预缴的税额	
	36	汇总纳税的总机构财政调库预缴的税额	
	37	汇总纳税的总机构所属分支机构分摊的预缴税额	
	38	合并纳税（母子体制）成员企业就地预缴比例	
	39	合并纳税企业就地预缴的所得税额	
	40	本年应补（退）的所得税额（33−34）	
附列资料	41	以前年度多缴的所得税额在本年抵减额	
	42	以前年度应缴未缴在本年入库所得税额	

续表

纳税人公章:	代理申报中介机构公章:	主管税务机关受理专用章:
经办人:	经办人及执业证件号码	受理人:
申报日期　　年　月　日	代理申报日期:　　年　月　日	受理日期:　　年　月　日

表 3.7　收入明细表

填报时间:　年　月　日　　　　　　金额单位: 元（列至角分）

行　次	项　目	金　额
1	一、销售（营业）收入合计（2+13）	0
2	（一）营业收入合计（3+8）	0
3	1.主营业务收入（4+5+6+7）	0
4	（1）销售货物	
5	（2）提供劳务	
6	（3）让渡资产使用权	
7	（4）建造合同	
8	2.其他业务收入（9+10+11+12）	0
9	（1）材料销售收入	
10	（2）代购代销手续费收入	
11	（3）包装物出租收入	
12	（4）其他	
13	（二）视同销售收入（14+15+16）	0
14	（1）非货币性交易视同销售收入	
15	（2）货物、财产、劳务视同销售收入	
16	（3）其他视同销售收入	
17	二、营业外收入（18+19+20+21+22+23+24+25+26）	0
18	1．固定资产盘盈	
19	2．处置固定资产净收益	
20	3．非货币性资产交易收益	
21	4．出售无形资产收益	
22	5．罚款净收入	
23	6．债务重组收益	
24	7．政府补助收入	
25	8．捐赠收入	
26	9．其他	

经办人（签章）:　　　　　　　　　　法定代表人（签章）:

表 3.8 成本费用明细表

填报时间： 年 月 日　　　　　　　　　　　　金额单位：元（列至角分）

行　次	项　　目	金　　额
1	一、销售（营业）成本合计（2+7+12）	0
2	（一）主营业务成本（3+4+5+6）	0
3	（1）销售货物成本	0
4	（2）提供劳务成本	
5	（3）让渡资产使用权成本	
6	（4）建造合同成本	
7	（二）其他业务成本（8+9+10+11）	0
8	（1）材料销售成本	0
9	（2）代购代销费用	0
10	（3）包装物出租成本	
11	（4）其他	
12	（三）视同销售成本（13+14+15）	
13	（1）非货币性交易视同销售成本	
14	（2）货物、财产、劳务视同销售成本	
15	（3）其他视同销售成本	
16	二、营业外支出（17+18+…+24）	
17	1.固定资产盘亏	0
18	2.处置固定资产净损失	0
19	3.出售无形资产损失	0
20	4.债务重组损失	
21	5.罚款支出	
22	6.非常损失	
23	7.捐赠支出	
24	8.其他	
25	三、期间费用（26+27+28）	
26	1.销售（营业）费用	347 257.79
27	2.管理费用	348 073.11
28	3.财务费用	−815.32

经办人（签章）：　　　　　　　　　　法定代表人（签章）：

表 3.9 附表三 纳税调整项目明细表

填报时间： 单位：元（列至角分）

行 次	项 目	账载金额 1	税收金额 2	调增金额 3	调减金额 4
1	一、收入类调整项目	0	0	0	0
2	1.视同销售收入（填写附表一）	0	0	0	0
3	2.接受捐赠收入		0	0	0
4	3.不符合税收规定的销售折扣和折让				
5	4.未按权责发生制原则确认的收入				
6	5.按权益法核算长期股权投资对初始投资成本调整确认收益				
7	6.按权益法核算的长期股权投资持有期间的投资损益				
8	7.特殊重组				
9	8.一般重组				
10	9.公允价值变动净收益（填写附表七）				
11	10.确认为递延收益的政府补助				
12	11.境外应税所得（填写附表六）				
13	12.不允许扣除的境外投资损失				
14	13.不征税收入（填附表一[3]）				
15	14.免税收入（填附表五）				
16	15.减计收入（填附表五）				
17	16.减、免税项目所得（填附表五）				
18	17.抵扣应纳税所得额（填附表五）				
19	18.其他				
20	二、扣除类调整项目			7 522.40	
21	1.视同销售成本（填写附表二）				
22	2.工资薪金支出	231 091.72	231 091.72		
23	3.职工福利费支出				
24	4.职工教育经费支出				
25	5.工会经费支出				
26	6.业务招待费支出	7 522.40			7522.40
27	7.广告费和业务宣传费支出（填写附表八）				
28	8.捐赠支出				
29	9.利息支出	1 035.70	1 035.70		
30	10.住房公积金	3 080	3 080		
31	11.罚金、罚款和被没收财物的损失				

续表

行 次	项 目	账载金额 1	税收金额 2	调增金额 3	调减金额 4
32	12.税收滞纳金				
33	13.赞助支出				
34	14.各类基本社会保障性缴款	9 324	9 324		
35	15.补充养老保险、补充医疗保险				
36	16.与未实现融资收益相关在当期确认的财务费用				
37	17.与取得收入无关的支出				
38	18.不征税收入用于支出所形成的费用				
39	19.加计扣除（填附表五）				
40	20.其他	95 203.97	95 203.97		
41	三、资产类调整项目				
42	1.财产损失				
43	2.固定资产折旧（填写附表九）				
44	3.生产性生物资产折旧（填写附表九）				
45	4.长期待摊费用的摊销（填写附表九）				
46	5.无形资产摊销（填写附表九）				
47	6.投资转让、处置所得（填写附表十一）				
48	7.油气勘探投资（填写附表九）				
49	8.油气开发投资（填写附表九）				
50	9.其他				
51	四、准备金调整项目（填写附表十）				
52	五、房地产企业销售收入计算的预计利润				
53	六、特别纳税调整应税所得				
54	七、其他				
55	合计			7 522.40	

经办人（签章）： 法人代表（签章）：

表 3.10　附表四　企业所得税弥补亏损调整表

行次	项目	年度	盈利额或亏损额	合并分立企业转入可弥补的所得额	当年可弥补的所得额	以前年度亏损弥补额					本年度实际弥补的以前年度亏损额	可结转以后年度弥补的亏损额
						前四年度	前三年度	前二年度	前一年度	合计		
		1	2	3	4	5	6	7	8	9	10	11
1	第一年											
2	第二年											
3	第三年											
4	第四年											
5	第五年											
6	本年	−339 735.39			−339 735.39							−339 735.39
7	可结转以后年度弥补的亏损额合计											−339 735.39

表 3.11　附表五　税收优惠明细表

行　次	项　目	金　额
1	一、免税收入（2+3+4+5）	0
2	1.国债利息收入	0
3	2.符合条件的居民企业之间的股息、红利等权益性投资收益	0
4	3.符合条件的非营利组织的收入	0
5	4.其他	0
6	二、减计收入（7+8）	0
7	1.企业综合利用资源，生产符合国家产业政策规定的产品所取得的收入	0
8	2.其他	0
9	三、加计扣除额合计（10 + 11 + 12 + 13）	0
10	1.开发新技术、新产品、新工艺发生的研究开发费用	0
11	2.安置残疾人员所支付的工资	0
12	3.国家鼓励安置的其他就业人员支付的工资	0
13	4.其他	0
14	四、减免所得额合计（15 +25 +29 +30 +31 +32）	0

续表

行　次	项　　目	金　额
15	（一）免税所得（16＋17＋…+24）	
16	1.蔬菜、谷物、薯类、油料、豆类、棉花、麻类、糖料、水果、坚果的种植	0
17	2.农作物新品种的选育	0
18	3.中药材的种植	0
19	4.林木的培育和种植	0
20	5.牲畜、家禽的饲养	0
21	6.林产品的采集	0
22	7.灌溉、农产品初加工、兽医、农技推广、农机作业和维修等农、林、牧、渔服务业项目	0
23	8.远洋捕捞	0
24	9.其他	0
25	（二）减税所得（26＋27＋28）	0
26	1.花卉、茶及其他饮料作物和香料作物的种植	0
27	2.海水养殖、内陆养殖	0
28	3.其他	0
29	（三）从事国家重点扶持的公共基础设施项目投资经营的所得	0
30	（四）从事符合条件的环境保护、节能节水项目的所得	0
31	（五）符合条件的技术转让所得	0
32	（六）其他	0
33	五、减免税合计（34＋35＋36＋37＋38）	0
34	（一）符合条件的小型微利企业	0
35	（二）国家需要重点扶持的高新技术企业	0
36	（三）民族自治地方的企业应缴纳的企业所得税中属于地方分享的部分	0
37	（四）过渡期税收优惠	0
38	（五）其他	0
39	六、创业投资企业抵扣的应纳税所得额	0
40	七、抵免所得税额合计（41＋42＋43＋44）	0
41	（一）企业购置用于环境保护专用设备的投资额抵免的税额	0
42	（二）企业购置用于节能节水专用设备的投资额抵免的税额	0
43	（三）企业购置用于安全生产专用设备的投资额抵免的税额	0
44	（四）其他	
45	企业从业人数（全年平均人数）	
46	资产总额（全年平均数）	
47	所属行业（工业企业其他企业）	

经办人（签章）：　　　　　　　　　　法定代表人（签章）：

表 3.12　附表六　境外所得税抵免计算明细表

填报日期：　　　　　　　　　　　　　　　　　　　　　　　　金额单位：元

国家或地区	境外所得	境外所得换算含税所得	弥补以前年度亏损	免税所得	弥补亏损前境外应税所得额	可弥补境内亏损	境外应纳税所得额	税率	境外所得应纳税额	境外所得可抵免税额	境外所得税款抵免限额	本年可抵免的境外所得税款	未超过境外所得税款抵免限额的余额	本年可抵免以前年度所得税额	前五年境外所得已缴税款未抵免余额	定率抵免
1	2	3	4	5	6（3-4-5）	7	8（6-7）	9	10（8×9）	11	12	13	14（12-13）	15	16	17
					0		0	0.250 0				0	0			
					0		0	0.250 0				0	0			
					0		0	0.250 0				0	0			
					0		0	0.250 0				0	0			
					0		0	0.250 0				0	0			
					0		0	0.250 0				0				
					0		0	0.250 0				0				
					0		0	0.250 0				0				
合计					0		0	0.250 0				0				

经办人（签章）：　　　　　　　　　　　　法定代表人（签章）：

表 3.13　附表七　以公允价值计量资产纳税调整表

行次	资产种类	期初金额		期末金额		纳税调整额（纳税调减以"-"表示
		账载金额（公允价值）	计税基础	账载金额（公允价值）	计税基础	
		1	2	3	4	5
1	一、公允价值计量且其变动计入当期损益的金融资产					0
2	1.交易性金融资产					
3	2.衍生金融工具					0
4	3.其他以公允价值计量的金融资产					0

续表

5	二、公允价值计量且其变动计入当期损益的金融负债				0
6	1.交易性金融负债				0
7	2.衍生金融工具				0
8	3.其他以公允价值计量的金融负债				0
9	三、投资性房地产				0
10	合计	0	0	0	0

表 3.14　附表八　广告费和业务宣传费跨年度纳税调整表

行　次	项　　目	金　额
1	本年度广告费和业务宣传费支出	0
2	其中：不允许扣除的广告费和业务宣传费支出	0
3	本年度符合条件的广告费和业务宣传费支出（1−2）	0
4	本年计算广告费和业务宣传费扣除限额的销售（营业）收入	0
5	税收规定的扣除率	0
6	本年广告费和业务宣传费扣除限额（4×5）	0
7	本年广告费和业务宣传费支出纳税调整额（3≤6，本行=2行；3＞6，本行=1−6）	0
8	本年在结转以后年度扣除额（3＞6，本行=1-6;3≤6，本行= 0）	0
9	加：以前年度累计结转扣除额	0
10	减：本年扣除的以前年度结转额	0
11	累计结转以后年度扣除额（8+9−10）	0

表 3.15　附表九　资产折旧、摊销纳税调整明细表

行次	资产类别	资产原值		折旧、摊销年限		本期折旧、摊销额		纳税调整额
		账载金额	计税基础	会计	税收	会　计	税　收	
		1	2	3	4	5	6	7
1	一、固定资产	237 102.20	237 102.20			237 102.20	237 102.20	
2	1.房屋建筑物							
3	2.飞机、火车、轮船、机器、机械和其他生产设备	8 562.20	8 562.20			1 997.50	1 997.50	
4	3.与生产经营有关的器具、工具、家具							
5	4.飞机、火车、轮船以外的运输工具							
6	5.电子设备	228 540	228 540	5	5	19 399.33	19 399.33	

续表

7	二、生产性生物资产							
8	1.林木类							
9	2.畜类							
10	三、长期待摊费用							
11	1.已足额提取折旧的固定资产的改建支出							
12	2.租入固定资产的改建支出							
13	3.固定资产大修理支出							
14	4.其他长期待摊费用							
15	四、无形资产							
16	五、油气勘探投资							
17	六、油气开发投资							
18	合计	237 102.2	237 102.2			21 396.83	21 396.83	0

表 3.16 附表十 资产减值准备项目纳税调整表

行次	准备金类别	期初余额 1	本期转回额 2	本期计提额 3	期末余额 4	纳税调整额 5
1	坏（呆）账准备					0
2	存货跌价准备					0
3	*其中：消耗性生物资产减值准备					0
4	*持有至到期投资减值准备					0
5	*可供出售金融资产减值					0
6	#短期投资跌价准备					0
7	长期股权投资减值准备					0
8	*投资性房地产减值准备					0
9	固定资产减值准备					0
10	在建工程（工程物资）减值准备					0
11	*生产性生物资产减值准备					0
12	无形资产减值准备					0

续表

13	商誉减值准备					0
14	贷款损失准备					0
15	矿区权益减值					0
16	其他					0
17	合计	0	0	0	0	0

经办人（签章）：　　　　　　　　法定代表人（签章）：

表 3.17　附表十一　长期股权投资所得（损失）明细表

行次	投资企业	期投资额	本年度增（减）投资额	投资成本		股息红利					投资转让所得（损失）					
				初始投资成本	权益法核算对初始投资成本调整产生的收益	会计核算投资收益	会计持有投资收益	税收确认的股息红利		会计与税收的差异	投资转让净收入	投资转让的会计成本	投资转让的税收成本	会计上确认的转让所得或损失	按税收计算的投资转让所得或损失	会计与税收的差异
								免税收入	全额征税收入							
	1	2	3	4	5	6	7	8	9	10	11	12	13	14	15	16
1						0				0				0	0	0
2						0				0				0	0	0
3						0				0				0	0	0
合计						0				0				0	0	0

投资损失补充资料

行次	项　目	年 度	当年度结转金额	已弥补金额	本年度弥补金额	结转以后年度待弥补金额	
1	第一年	2005					
2	第二年	2006					
3	第三年	2007					
4	第四年	2008					

续表

5	第五年	2009					
以前年度结转在本年度税前扣除的股权投资转让损失							

浩子姑姑 这些表格你先了解一下，是企业所得税季报和年报的表格，先知道所得税报表都是什么样的。表格里的各项不一定都必须填写，要看单位的具体业务不同。有的单位业务比较单一，填写的项不多，就好填一些；有的单位业务比较复杂，可能就要多填几项。

浩子认真看完这些表格，也到了该吃饭的时间。吃过饭后，浩子高高兴兴地回家。

3.9 扣除项目得认清

晚上，杨会计在 QQ 上给浩子发来信息。

杨会计 浩子，你先上网了解一下企业所得税扣除的内容，余下的等上班时我再给你补充。

浩子回复："好"，就开始在电脑上搜索起来。根据国家规定，企业所得税的扣除项目分成如下几部分。工资、薪金支出，企业发生的合理的工资、薪金支出准予据实扣除。

3.9.1 合理工资薪金

"合理工资薪金"是指企业按照股东大会、董事会、薪酬委员会或相关管理机构制订的工资薪金制度规定实际发放给员工的工资薪金。

扣除的方式有两种，如图 3.5 所示。

1 工资已计入成本费用，不做纳税调整。

2 工资未计入成本费用，直接扣除。

图 3.5 扣除的方式

【例 14】如 2016 年 4 月中美企业发生合理的工资支出为 30 万元，2016 年 7 月为 50 万元，企业 2016 年能扣除的工资为多少万元？

分析：企业所能扣除的工资总额应为 1 月+2 月+3 月…+7 月+10 月…+12 月。

答案：30+50=80（万元）。

3.9.2　职工福利费、工会经费和职工教育经费

职工福利费、工会经费、职工教育经费，在规定标准以内按实际数扣除，超过标准的只能按标准扣除，标准如图 3.6 所示。

- 企业发生的职工福利费支出，不超过工资薪金总额14%的部分准予扣除。
- 企业拨缴的工会经费，不超过工资薪金总额2%的部分准予扣除。
- 软件生产企业发生的职工教育经费中的职工培训费，全额扣除。
- 除国务院财政、税务主管部门另有规定外，企业发生的职工教育经费支出，不超过工资薪金总额2.5%的部分准予扣除，超过部分准予结转以后纳税年度扣除。

图 3.6　各种费用的扣除标准

温馨提示

- 计算三项经费的“工资薪金总额”，是指企业实际发放的工资薪金总和，不包括企业的职工福利费、职工教育经费、工会经费及养老保险费、医疗保险费、失业保险费、工伤保险费、生育保险费等社会保险费和住房公积金。
- 企业职工福利费按工资总额的 14%、工会经费按工资总额的 2%（必须出具工会组织开具的收费凭证）。职工教育经费一般企业按工资总额的 2.5%（超过的部分可以结转以后年度）。

【例 15】为宜公司 2013 年发生的工资总额为 360 万元，发生福利费 53 万元，职工教育经费 13 万元，工会经费 5 万元，无工会开具的收费凭证。计算 2013 年税前可扣除的福利费、职工教育经费及工会经费。

计算步骤如下。

第 1 步　福利费、职工教育经费、工会经费的标准。

360×14%=50.4（万元）、360×2.5%=9（万元）、360×2%=7.2（万元）。

第 2 步　福利费、职工教育经费、工会经费的实际发生额。

53 万元、13 万元和 5 万元（无工会开具的收费凭证）。

答案：2013 年税前可扣除的福利费为 50.4 万元，可扣除的职工教育经费为 9 万元（13-9=4 万元可结转到以后年度扣除），可扣除的工会经费为 0 万元。

分析：因为无工会开具的收费凭证，不能税前扣除。

3.9.3　社会保险费

社会保险费的具体规定如图 3.7 所示。

- 按照政府规定的范围和标准缴纳的“五险一金”，即基本养老保险费、基本医疗保险费、失业保险费、工伤保险费、生育保险费等基本社会保险费和住房公积金，准予扣除。
- 企业为在本企业受雇的全体职工支付的补充养老保险费、补充医疗保险费，分别在不超过职工工资总额5%标准以内，准予扣除。
- 企业依照国家有关规定为特殊工种职工支付的人身安全保险费和符合国务院财政、税务主管部门规定可以扣除的商业保险费准予扣除。
- 企业参加财产保险，按照规定缴纳的保险费，准予扣除；企业为投资者或者职工支付的商业保险费，不得扣除。

图 3.7　社会保险费的规定

保险的税前扣除如图 3.8 所示。

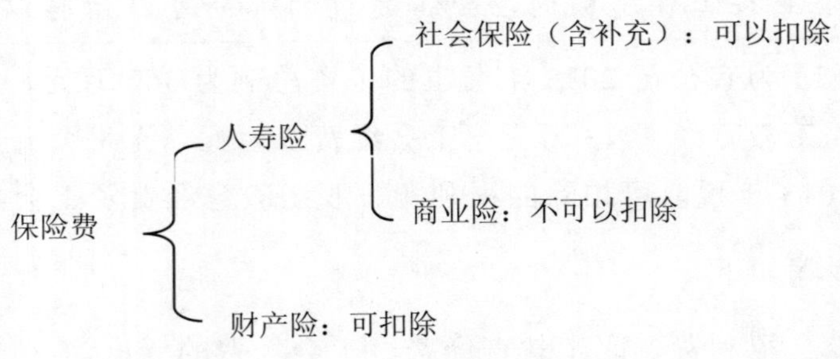

图 3.8　保险的税前扣除

3.9.4 利息费用

利息费用如图 3.9 所示。

非金融企业向金融企业借款的利息支出

金融企业的各项存款利息支出和同业拆借利息支出、企业经批准发行债券的利息支出，可据实扣除。

非金融企业向非金融企业借款的利息支出

不超过按照金融企业同期同类贷款利率计算的数额的部分可据实扣除，超过部分不许扣除。

企业向自然人借款的利息支出

企业向股东或其他与企业有关联关系的自然人借款的利息支出，符合规定条件的，准予扣除。

企业向除上述规定以外的内部职工或其他人员借款的利息支出，其借款情况同时符合图3.10所示 条件的，其利息支出在不超过按照金融企业同期 同类贷款利率计算数额的部分，准予扣除。

图 3.9 利息费用

企业向内部职工或其他人员借款的利息支出，可以税前扣除的具体条件如图 3.10 所示。

1. 企业与个人之间的借贷是真实、合法、有效的，且不具有非法集资目的或其他违反法律、法规的行为。
2. 企业与个人之间签订了借款合同。

图 3.10 可以税前扣除的具体条件

税法规定，如果企业的股东向企业借款，借款超过一年则视同分配股利，需要缴纳个人所得税。财务人员年末时一定要注意让各位欠款的股东还款。

3.9.5 借款费用

借款费用具体内容如图 3.11 所示。

1. 企业在生产经营活动中发生的合理的不需要资本化的借款费用，准予扣除。
2. 企业在有关资产购置、建造期间发生的合理的借款费用，应予以资本化，作为资本性支出计入有关资产的成本；有关资产交付使用后发生的借款利息，可在发生当期扣除。

图 3.11 借款费用

【例 16】中美企业 4 月 1 日向银行借款 600 万元用于建造厂房（建造期超过 12 个月），借款期限 1 年，当年向银行支付了 3 个季度的借款利息 36 万元，该厂房于 10 月 31 日竣工结算并投入使用，税前可扣除的利息费用为（　　）万元。

分析：作为资本的部分为 4 月到 10 月的利息支出，不能扣除。作为费用化的利息支出为 11 月和 12 月可以税前扣除。

36/9（个月）×2（个月）=8（万元）。

答案：8 万元的利息支出可以在税前扣除。

3.9.6　汇兑损失和业务招待费

汇兑损失：汇率折算形成的汇兑损失，准予扣除。业务招待费：企业发生的与生产经营活动有关的业务招待费支出，按照发生额的 60%扣除，但最高不得超过当年销售（营业）收入的 5‰ 。

计提依据范围：当年销售（营业）收入包括销售货物收入、劳务收入、出租财产收入、转让无形资产使用权收入、视同销售收入等，即企业所得税年报的附表一的第一行“销售收入合计”。

注意

- 若企业实际发生业务招待费的 60%为 50 万元，“销售收入合计”为 1000 万元，则“销售收入合计”的 5‰为 5 万元，所以企业只能税前扣除 5 万元。
- 若企业实际发生业务招待费的 60%为 10 万元，“销售收入合计”为 3000 万元，则“销售收入合计”的 5‰为 15 万元，所以企业只能税前扣除 10 万元。

总之，按企业发生业务招待费的 60%和“销售收入合计”的 5‰比较，谁小按谁扣。

【例 17】2017 年企业发生业务招待费 80 万元，“销售收入合计”为 4800 万元。求企业本年可税前扣除的业务招待费金额。

计算步骤如下。

第 1 步 计算企业业务招待费实际发生额的 60%。

80×60%=48（万元）。

第 2 步 计算企业“销售收入合计”的 5‰。

4800×5‰=24（万元）。

第 3 步 比较。

答案：24 万元小于 48 万元，所以企业应税前扣除业务招待费 24 万元。

3.9.7 广告费和业务宣传费

广告费和业务宣传费的扣除限额为 15%，计算依据与业务招待费相同。

温馨提示

- 广告费和业务宣传费与职工教育经费相同，本年超过的部分可以结转到以后年度。

【例 18】为宜公司 2015 年末广告费和业务宣传费发生额为 20 万元，销售收入合计为 100 万元，2016 年末广告费和业务宣传费发生额为 10 万元，销售收入合计为 110 万元。计算两年的税前扣除额。

计算步骤如下。

（1）计算广告费和业务宣传费限额。

2015 年限额为 100×15%=15（万元），实际发生额为 20 万元，当年可税前扣除 15 万元。

2016 年限额为 110×15%=16.5（万元），发生额为 10 万元。

（2）2015 年结转的广告费和业务宣传费。

2015 年余 5 万元，2016 年还有 16.5－10=6.5（万元）的限额可以用，所以可以多扣除 5 万元。

答案：2015 年税前扣除广告费和业务宣传费为 15 万元，2016 年可扣除的广告费和业务宣传费为 15 万元。

3.9.8 环境保护专项资金和租赁费

企业依照法律、行政法规有关规定提取的用于环境保护、生态恢复等方面的环境保护专项资金准予扣除；上述专项资金提取后改变用途的，不得扣除。租赁费的具体规定如图 3.12 所示。

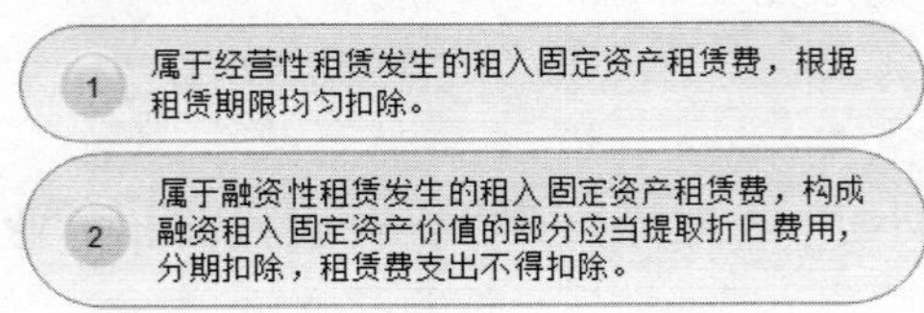

图 3.12 租赁费的具体规定

3.9.9 劳动保护费和公益性捐赠支出

劳动保护费：企业发生的合理的劳动保护支出，准予扣除。要求有合理的票据。公益性捐赠支出：是指企业通过公益性社会团体或者县级以上人民政府及其部门，用于《中华人民共和国公益事业捐赠法》规定的公益事业的捐赠。

企业发生的公益性捐赠支出，不超过年度利润总额 12%的部分，准予扣除（年度利润总额是指企业依照国家统一会计制度的规定计算的年度会计利润）。

捐赠的类别如表 3.18 所示。

表 3.18 捐赠的类别

类 别	项 目
公益捐赠	限额扣除： 限额=年度利润总额×12%，扣除按扣除限额与实际发生额中的较小者
	全额扣除： 自2010年4月1日起，对企业、个人通过公益性社会团体，县级以上人民政府及其部门向受灾地区的捐赠，允许在当年企业所得税前金额扣除，执行期限至2012年12月31日外，目前没有其他可以全部扣除的情况
非公益捐赠	纳税人直接向受赠人的捐赠，应做纳税调整，不得税前扣除

3.9.10 有关资产的费用和总机构分摊的费用

有关资产的费用内容如图 3.13 所示。

1 企业转让各类固定资产发生的费用，允许扣除。

2 企业按规定计算的固定资产折旧费、无形资产和递延资产的摊销费，准予扣除。

图 3.13 有关资产的费用

总机构分摊的费用，非居民企业在中国境内设立的机构、场所，就其中国境外总机构发生的与该机构、场所生产经营有关的费用，能够提供总机构出具的费用汇集范围、定额、分配依据和方法等证明文件，并合理分摊的，准予扣除。

3.9.11 资产损失

资产损失具体包括如下内容。

- 企业当期发生的固定资产和流动资产盘亏、毁损净损失，由其提供清查盘存资料经主管税务机关审核后，准予扣除。
- 企业因存货盘亏、毁损、报废等原因不得从销项税金中抵扣的进项税金，应视同企业财产损失，准予与存货损失一起在所得税前按规定扣除（存货损失包括存货的价格还有转出的进项税，不包括损失中有赔偿的部分）。

1. 资产损失的税前扣除管理

企业实际发生的资产损失按税务管理方式，可分为自行计算扣除的资产损失和须经税务机关审批后才能扣除的资产损失。

自行计算扣除与审批扣除如表 3.19 所示。

表 3.19 自行计算扣除与审批扣除

扣除方式	种类
企业自行计算扣除的资产损失	（1）企业在正常经营管理活动中因销售、转让、变卖固定资产、生产性生物资产、存货发生的资产损失 （2）企业各项存货发生的正常损耗 （3）企业固定资产达到或超过使用年限而正常报废清理的损失 （4）企业生产性生物资产达到或超过使用年限而正常死亡发生的资产损失

	（5）企业按照有关规定通过证券交易场所、银行间市场买卖债券、股票、基金及金融衍生产品等发生的损失 （6）其他经国家税务总局确认不需经税务机关审批的其他资产损失
需经税务机关审批后才能扣除的资产损失	除上述资产损失外的资产损失都要求审批

2. 审批权限

- 企业因国务院决定事项所形成的资产损失，由国家税务总局规定资产损失的具体审批事项后，报省级税务机关负责审批。
- 其他资产损失按属地审批的原则，由企业所在地管辖的省级税务机关根据损失金额大小、证据涉及地区等因素，适当划分审批权限。
- 企业捆绑资产所发生的损失，由企业总机构所在地税务机关审批。

3. 资产损失确认证据

资产损失确认证据如图 3.14 所示。

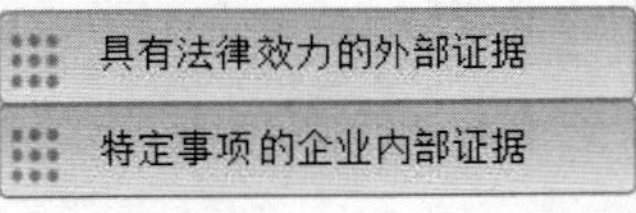

图 3.14　资产损失确认证据

具体分类如表 3.20 所示。

表 3.20　有效的内（外）部证据

外部证据	内部证据
司法机关、行政机关、专业技术鉴定部门等依法出具的与本企业资产损失相关的具有法律效力的书面文件	会计核算制度健全，内部控制制度完善的企业，对各项资产发生毁损、报废、盘亏、死亡、变质等内部证明或承担责任的声明
（1）司法机关的判决或者裁定 （2）公安机关的立案结案证明、回复 （3）工商部门出具的注销、吊销及停业证明 （4）企业的破产清算公告或清偿文件 （5）行政机关的公文 （6）国家及授权专业技术鉴定部门的鉴定报告 （7）具有法定资质的中介机构的经济鉴定证明 （8）经济仲裁机构的仲裁文书 （9）保险公司对投保资产出具的出险调查单、理赔计算单等 （10）符合法律条件的其他证据	（1）有关会计核算资料和原始凭证 （2）资产盘点表 （3）相关经济行为的业务合同 （4）企业内部技术鉴定部门的鉴定文件或资料（数额较大、影响较大的资产损失项目，应聘请行业内的专家参加鉴定和论证） （5）企业内部核批文件及有关情况说明 （6）对责任人由于经营管理责任造成损失的责任认定及赔偿情况说明 （7）法定代表人、企业负责人和企业财务负责人对特定事项真实性承担法律责任的声明

在这里特别提示：如果没有充足的外部证据，一定要提供让人信服的内部证据。因为对于企业来说，最好找的就是内部证据，一定要让人信服。

3.9.12　其他项目和手续费及佣金支出

其他项目：如会员费、合理的会议费、差旅费、违约金、诉讼费用等，准予扣除。

手续费及佣金支出：企业发生与生产经营有关的手续费及佣金支出，不超过如图 3.15 规定计算限额以内的部分，准予扣除；超过部分，不得扣除。

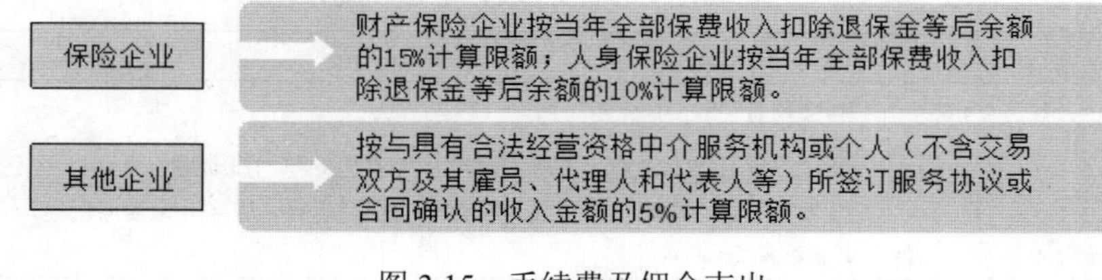

图 3.15　手续费及佣金支出

关于不得扣除的手续费及佣金支出的规定如图 3.16 所示。

- 企业以现金等非转账方式支付的手续费及佣金不得在税前扣除。
- 企业为发行权益性证券支付给承销机构的手续费及佣金不得在税前扣除。
- 企业不得将手续费及佣金支出计入回扣、业务提成、返利等费用。
- 企业支付手续费及佣金不得直接冲减服务协议或合同金额，并如实入账。
- 企业已计入固定资产、无形资产等相关资产的手续费及佣金支出，应当通过折旧、摊销等方式分期扣除，不得在发生当期直接扣除。

图 3.16　不得扣除的手续费及佣金支出的规定

3.10　企业所得税具体的扣除范围

浩　子　杨会计，您来了。（早早地来到公司）

杨会计　浩子，昨晚我给你说的扣除项目的资料找到了吗？

浩　子 我昨晚就看了一下扣除项目的概念，太累了就休息了。（不好意思地挠挠头）

杨会计 没事，你已经很努力了。嗯，概念你是知道，那就看看我给你补充的内容吧。

杨会计一边说着一边打开文件。文件中总结了企业所得税收入的计算和企业所得税的成本扣除问题。

下面内容就是杨会计总结的企业所得税的收入和成本扣除。企业所得税的不征税收入及免税收入表如表 3.21 所示。

表 3.21　企业所得税的不征税收入及免税收入表

收入类别	项　目
不征税收入	（1）财政拨款 （2）依法收取并纳入财政管理的行政事业性收费、政府性基金 （3）国务院规定的其他不征税收入财政性资金的解释，应区分来源与用途，确定是否属于征税收入
免税收入	（1）国债利息收入：指购买国债所得的利息收入 （2）符合条件的居民企业之间的股息、红利等权益性收益。指居民企业直接投资于其他居民企业取得的投资收益 （3）在中国境内设立机构、场所的非居民企业从居民企业取得与该机构、所有实际联系的股息、红利等权益性投资收益（该收益都不包括连续持有居民企业公开发行并上市流通的股票不足12个月取得的投资收益） （4）符合条件的非营利组织的收入

企业所得税的成本扣除如表 3.22 所示。

表 3.22　企业所得税的成本扣除

扣除的原则	权责发生制原则、配比原则、相关性原则、确定性原则、合理性原则
扣除范围	成本、费用、税金、损失、其他支出
扣除项目	（1）工资、薪金支出 （2）职工福利费、工会经费、职工教育经费 （3）社会保险费 （4）利息费用 （5）借款费用 （6）汇兑损失 （7）业务招待费 （8）广告费和业务宣传费

扣除项目	（9）环境保护专项资金 （10）租赁费 （11）劳动保护费 （12）公益性捐赠支出 （13）有关资产的费用 （14）总机构分摊的费用 （15）资产损失 （16）其他项目 （17）手续费及佣金支出
不得扣除的	（1）向投资者支付的股息、红利等权益性投资收益款项 （2）企业所得税税款 （3）税收滞纳金 （4）罚金、罚款和被没收财物的损失 （5）超过规定标准的捐赠支出 （6）赞助支出，是指企业发生的与生产经营活动无关的各种非广告性质的支出 （7）未经核定的准备金支出 （8）企业之间支付的管理费、企业内营业机构之间支付的租金和特许权使用费，以及非银行企业内营业机构之间支付的利息，不得扣除 （9）与取得收入无关的其他支出

企业所得税扣除项目的范围如下。

（1）成本：指生产经营成本。

（2）费用：指三项期间费用（销售费用、管理费用、财务费用），如图 3.17 所示。

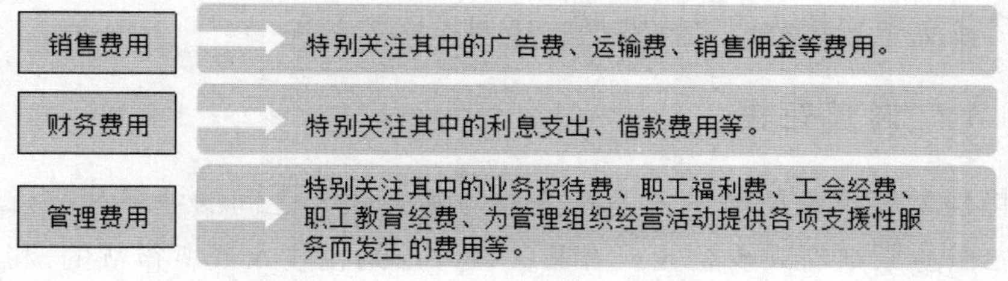

图 3.17　三项期间费用

（3）税金：指销售税金及附加。

五税一费：已缴纳的消费税、城建税、资源税、土地增值税、出口关税及教育费附加。

企业缴纳的房产税、车船税、土地使用税、印花税等，已经计入管

理费中扣除的，不再作为销售税金单独扣除。

增值税为价外税，不包含在收入中，应纳税所得额计算时不得扣除。

（4）损失：指企业在生产经营活动中的损失和其他损失。

包括：固定资产和存货的盘亏、毁损、报废损失，转让财产损失，呆账损失，坏账损失，自然灾害等不可抗力因素造成的损失及其他损失。

税前可以扣除的损失为净损失，即企业的损失减除责任人赔偿和保险赔款后的余额。

企业已经作为损失处理的资产，在以后纳税年度又全部收回或者部分收回时，应当计入当期收入。

（5）允许扣除的其他支出，指除成本、费用、税金、损失外，企业在生产经营活动中发生的与生产经营活动有关的、合理的支出。

3.11 纳税调整很特别

杨会计顺口提起纳税调整，浩子便打破砂锅问到底。

浩　子 杨会计，您给我讲讲纳税调整呗！

杨会计 当你看到特别纳税调整这几个字时，是不是首先联想到一些非正常的交易事项和特殊的业务处理，比如关联交易……

3.11.1 调整范围

特别纳税调整的范围，是指企业与其关联方之间的业务往来，不符合独立交易原则而减少企业或者其关联方应纳税收入或所得额的，税务机关有权按照合理方法调整。

关联方是指与企业有下列关联关系之一的企业、其他组织或者个人。

- 在资金、经营、购销等方面存在直接或者间接的控制关系。
- 直接或者间接地同为第三者控制。

- 在利益上具有相关联的其他关系。

3.11.2 关联企业之间关联业务的税务处理

（1）母子公司之间提供服务支付费用所得税处理如图 3.18 所示。

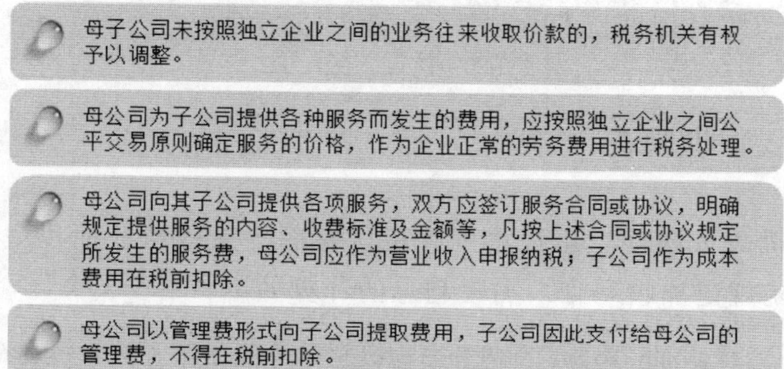

图 3.18 母子公司之间提供服务支付费用所得税处理

（2）关联企业之间关联业务的税务处理所用的方法，如图 3.19 所示。

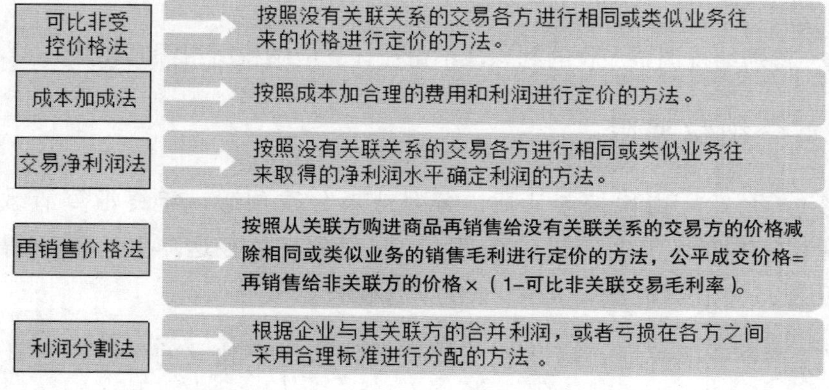

图 3.19 关联企业之间关联业务的税务处理所用的方法

3.11.3 核定征收

企业不提供与其关联方之间业务往来资料，或者提供虚假、不完整资料，未能真实反映其关联业务往来情况的，税务机关有权依法核定其应纳税所得额。核定征收的方法如图 3.20 所示。

- 按照同类或者类似企业的利润率水平核定；
- 按照企业成本加合理的费用和利润的方法核定；
- 按照关联企业集团整体利润的合理比例核定；
- 按照其他合理方法核定。

图 3.20　核定征收的方法

3.11.4　加收利息

税务机关依照规定进行特别纳税调整后，除应当补征税款外，还可按照国务院规定加收利息。加收利息的计算如下。

- 应当对补征的税款，自税款所属纳税年度的次年 6 月 1 日起至补缴税款之日止的期间，按日加收利息。
- 利息应当按照税款所属纳税年度，中国人民银行公布的与补税期间同期的人民币贷款基准利率加 5 个百分点计算。
- 特别纳税调整加收的利息，不得在计算应纳税所得额时扣除。

3.11.5　纳税期限

（1）企业所得税按年计征，分月或者分季预缴，年终汇算清缴，多退少补。自年度终了之日起 5 个月内，向税务机关报送年度企业所得税纳税申报表，并汇算清缴，结清应缴应退税款。

（2）企业清算时，应将整个清算期作为一个独立的纳税年度计算清算所得。一些“土政策”，如北京地区的地税在年底收纳税申报表时要求满足 3 个条件，如图 3.21 所示。

- 当年亏损超过10万元（含）的纳税人，附送年度亏损额的鉴证报告。
- 当年弥补亏损的纳税人，附送所弥补亏损年度亏损额的鉴证报告，以前年度已就亏损额附送过鉴证报告的不再重复附送。
- 本年度实现销售（营业）收入在3000万元（含）以上的纳税人，附送当年所得税汇算清缴的鉴证报告。

图 3.21　审计的 3 个条件

杨会计 还有，一般公司每年都得做审计，一来审查一下财务工作中的不足，二来如果弥补亏损就不用重新审计了。当然也有一些很小的企业，直接写一个不弥补亏损的证明，这样虽然财务上省事，但是对企业来说多少会有一些损失。虽然不赞同这样做，但却是比较常见的做法。

浩子一边佩服地频频点头一边在心里琢磨。

浩　子 我一定好好学，争取早日成为杨会计那样成功的人。

3.12　所得税的优惠政策

浩　子 杨会计，我记得您给我讲过增值税的税收优惠，企业所得税应该也有税收优惠吧！（讨好地递给杨会计一杯水）

杨会计 你这个机灵鬼，怎么知道我这儿有这个资料的。

企业所得税法的税收优惠方式包括免税、减税、加计扣除、加速折旧、减计收入、税额抵免等。

3.12.1　免征与减征优惠

（1）从事农、林、牧、渔业项目的所得。企业从事农、林、牧、渔业项目的所得，包括免征和减征两部分。

企业从事下列项目的所得，免征企业所得税，如图 3.22 所示。

- 蔬菜、谷物、薯类、油料、豆类、棉花、麻类、糖料、水果、坚果的种植。
- 农作物新品种的选育、中药材的种植。
- 林木的培育和种植、牲畜、家禽的饲养。
- 林产品的采集。
- 灌溉、农产品初加工、兽医、农技推广、农机作业和维修等农、林、牧、渔服务业项目。
- 远洋捕捞以及公司加农户模式从事农业生产的企业。

图 3.22　免征所得税项目

企业从事下列项目的所得，减半征收企业所得税。

● 花卉、茶及其他饮料作物和香料作物的种植。

● 海水养殖、内陆养殖。

温馨提示

企业从事国家限制和禁止发展的项目，不得享受上述企业所得税优惠。

（2）从事国家重点扶持的公共基础设施项目投资经营的所得。

自项目取得第一笔生产经营收入所属纳税年度起，第1～3年免征企业所得税，第4～6年减半征收企业所得税，即“三免三减半”。

温馨提示

优惠开始的年度是“取得第一笔生产经营收入所属纳税年度”而非“获利年度”“成立年度”。

企业承包经营、承包建设和内部自建自用上述项目，不得享受企业所得税的上述优惠。

（3）从事符合条件的环境保护、节能节水项目的所得。自项目取得第一笔生产经营收入所属纳税年度起，第1～3年免征企业所得税，第4～6年减半征收企业所得税，即“三免三减半”。

（4）符合条件的技术转让所得。在一个纳税年度内，居民企业技术转让所得不超过500万元的部分，免征企业所得税；超过500万元的部分，减半征收企业所得税。

温馨提示

只针对居民企业，不包括非居民企业。值得注意的是技术转让所得，不是技术转让收入。技术转让所得＝技术转让收入－技术转让成本－相关税费。

享受技术转让所得减免企业所得税优惠的企业，应单独计算技术转让所得，并合理分摊企业的期间费用；没有单独计算的，不得享受技术转让所得企业所得税优惠。

【例19】为宜公司2017年将自行开发的一项专利权转让，取得转让

收入 1200 万元，与该项技术转让有关的成本和费用为 600 万元。计算企业应纳所得税额。

计算步骤如下。

第 1 步 计算企业的技术转让收入。

1200 万元

第 2 步 计算企业的技术转让所得。

1200-600=600（万元）。

第 3 步 由于技术转让所得不超过 500 万元的部分免征企业所得税，所以 600-500＝100（万元）。

第 4 步 计算应纳企业所得税额。

100×50%×25%＝12.5（万元）。

分析：在本题中，技术转让所得为 600 万元，其中 500 万元以内的部分免征企业所得税，超过 500 万元的部分，减半征收企业所得税。

答案：企业应纳所得税为 12.5 万元。

3.12.2 高新技术企业优惠

（1）国家需要重点扶持的高新技术企业，按 15%的税率征收企业所得税。这类高新技术企业的条件，核心是拥有自主的知识产权。

（2）经济特区和上海浦东新区新设立高新技术企业过渡性税收优惠。

对经济特区和上海浦东新区，在 2008 年 1 月 1 日（含）之后完成登记注册的国家需要重点扶持的高新技术企业（以下简称新设高新技术企业），在经济特区和上海浦东新区内取得的所得，自取得第一笔生产经营收入所属纳税年度起，“两免三减半”（按照 25%的法定税率减半征收企业所得税）。

3.12.3 小型微利企业优惠

符合条件的小型微利企业，减按20%的税率征收企业所得税。

温馨提示

符合条件的小型微利企业，是指从事国家非限制和禁止行业，并符合下列条件的企业。

- 工业企业，年度应纳税所得额不超过30万元，从业人数不超过100人，资产总额不超过3 000万元。
- 其他企业，年度应纳税所得额不超过30万元，从业人数不超过80人，资产总额不超过1 000万元。

应纳税所得额，应该是弥补亏损后的应纳税所得额。

【例20】西欧公司是生产性企业，从业人数为60人，资产总额为2 000万元。2017年度利润为50万元，上一年度亏损为30万元。所以该公司本年度应纳税所得额就是20万元。因此该公司符合小型微利企业的条件。

小型微利企业是指全部生产经营活动产生的所得均负有我国企业所得税纳税义务的企业。仅就来源于我国所得负有我国纳税义务的非居民企业，不适用小型微利企业的规定。

自2010年1月1日至2010年12月31日，两部门将对年应纳税所得额低于3万元（含3万元）的小型微利企业，其所得减按50%计入应纳税所得额，按20%的税率缴纳企业所得税（新增）。

自2011年1月1日至2011年12月31日，两部门将对年应纳税所得额低于3万元（含3万元）的小型微利企业，其所得减按50%计入应纳税所得额，按20%的税率缴纳企业所得税。

3.12.4 加计扣除

开发新技术、新产品、新工艺发生的研究开发费用的加计扣除规定：

- 研发费用计入当期损益未形成无形资产的，允许再按其当年研发费用实际发生额的50%，直接抵扣当年的应纳税所得额。

- 在计算会计利润时，研发费用已计入管理费用全额扣除；在计算应纳税所得额时，研发费用再加扣 50%，即调减应纳税所得额。
- 研发费用形成无形资产的，按照该无形资产成本的 150%在税前摊销。除法律另有规定外，摊销年限不得低于 10 年。
- 研究阶段的支出费用化，开发阶段的支出资本化。

【例 21】如果西欧公司研究开发费用一共为 5 000 万元，其中研究阶段的支出为 2 000 万元，开发阶段的支出为 3 000 万元，计算当年的税前扣除额。

计算步骤如下。

第 1 步　可以税前扣除的计入研发支出的费用。

2 000+2 000×50%＝3 000（万元）

第 2 步　形成无形资产的，则可以分 10 年摊销。

每年摊销＝3 000×150%÷10＝450（万元）。

第 3 步　企业当年税前扣除额。

3 000+450＝3 450（万元）。

答案：西欧公司当年的税前扣除额为 3 450 万元。

安置残疾人员所支付的工资，在进行企业所得税预缴申报时，允许据实计算扣除；在年度终了进行企业所得税年度申报和汇算清缴时，再按照支付给残疾职工工资的 100%加计扣除。

3.12.5　创投企业优惠

创业投资企业采取股权投资方式投资于未上市的中小高新技术企业两年以上的，可以按照其投资额的 70%在股权持有满两年的当年抵扣该创业投资企业的应纳税所得额；当年不足抵扣的，可以在以后纳税年度结转抵扣。

【例 22】宏达公司 2011 年 5 月 1 日向某公司（未上市的中小高新技

术企业）投资 1 000 万元，2013 年 5 月 1 日满两年。宏达公司在计算 2013 年应纳税所得额时，可以抵扣 700 万元（1 000×70%）。

3.12.6 加速折旧

可以采取缩短折旧年限或者采取加速折旧方法的固定资产如图 3.23 所示。

由于技术进步，产品更新换代较快的固定资产。

常年处于强震动、高腐蚀状态的固定资产。

图 3.23 可以采取缩短折旧年限或者采取加速折旧方法的固定资产

采取缩短折旧年限方法的，最低折旧年限不得低于法定折旧年限的 60%；采取加速折旧方法的，可以采取双倍余额递减法或者年数总和法。

3.12.7 减计收入

减计收入，是指企业以《资源综合利用企业所得税优惠目录》规定的资源作为主要原材料，生产国家非限制和禁止并符合国家和行业相关标准的产品取得的收入，减按 90%计入收入总额。

3.12.8 抵免应纳税额

企业“购置并实际使用”《环境保护专用设备企业所得税优惠目录》《节能节水专用设备企业所得税优惠目录》和《安全生产专用设备企业所得税优惠目录》规定的“环境保护、节能节水、安全生产”等专用设备的，该专用设备投资额的 10%可以从企业当年的应纳税额中抵免；当年不足抵免的，可以在以后 5 个纳税年度结转抵免。

温馨提示

税额抵免是直接抵应纳所得税额，而不是抵免应纳税所得额。这是该条优惠最特殊的地方。

享受上述规定的企业所得税优惠的企业，应当实际购置并自身实际投入使用上述规定的专用设备。

企业购置上述专用设备在 5 年内转让、出租的，应当停止享受企业

所得税优惠，并补缴已经抵免的企业所得税税款。进行税额抵免时，如增值税进项税额允许抵扣，其专用设备投资额不再包括增值税进项税额；如增值税进项税额不允许抵扣，其专用设备投资额应为增值税专用发票上注明的价税合计金额。企业购买专用设备取得普通发票的，其专用设备投资额为普通发票上注明的金额。

【例 23】假设艾德公司 2013 年的应纳税额为 150 万元，当年该企业购买并实际投入使用了符合目录的安全生产专用设备 320 万元，可抵免 10%即 32 万元的应纳税额，这样该公司只需 150-32＝118（万元）的税款。在抵免税后，如果该公司在 5 年内把设备卖了或出租，则要补缴这 32 万元的税款。

3.12.9 民族自治地方的减免税

民族自治地方的自治机关对本民族自治地方的企业应缴纳的企业所得税中属于地方分享的部分，可以决定减征或者免征。自治州、自治县决定减征或者免征的，须报省、自治区、直辖市人民政府批准。

对民族自治地方内国家限制和禁止行业的企业，不得减征或者免征企业所得税。

3.12.10 非居民企业税收优惠

企业所得税的优惠也涉及非居民企业，那么非居民企业有哪些优惠呢？具体政策如表 3.23 所示。

表 3.23 非居民企业税收优惠

优惠种类	具体规定
减按低税率征税	非居民企业减按10%的税率征收企业所得税
免征企业所得税	非居民企业的下列所得免征企业所得税： （1）外国政府向中国政府提供贷款取得的利息所得 （2）国际金融组织向中国政府和居民企业提供优惠贷款取得的利息所得 （3）经国务院批准的其他所得

这里的非居民企业是指在中国境内未设立机构、场所，或者虽设立机构、场所但取得的所得与其所设机构、场所没有实际联系的企业。

3.12.11 其他有关行业的优惠

1. 鼓励软件产业和集成电路产业发展的优惠政策

- 实行即征即退的增值税用于开发和扩大再生产，不作为应税收入。
- 经认证的新办软件生产企业自获利年度起，所得税“两免三减半”。

杨会计 我来给你讲一下我办理软件企业免税的真实事例吧。

“2010 年 3 月底，我去国税报送所得税的年报，因为我们企业是软件企业，有技术性收入，享受技术性收入免征营业税的政策，而这部分免税额用于扩大生产经营又可以免征企业所得税。我的企业所得税报表上有一栏免征额 26 000。”中华人民共和国企业所得税年度纳税申报表（A 类）和附表五“税收优惠明细表”中的数字就出现 26 000，如表 3.24 所示。

表 3.24 26 000 的其他减免表

25	（二）减税所得（26+27+28）	
26	1.花卉、茶及其他饮料作物和香料作物的种植	
27	2.海水养殖、内陆养殖	
28	3.其他	
29	（三）从事国家重点扶持的公共基础设施项目投资经营的所得	
30	（四）从事符合条件的环境保护、节能节水项目的所得	
31	（五）符合条件的技术转让所得	
32	（六）其他	26 000

在中华人民共和国企业所得税年度纳税申报表（A 类）中就会出现如下数字，如表 3.25 所示。

表 3.25 不征税收入表

应纳税所得额计算	14	加：纳税调整增加额（填附表三）	
	15	减：纳税调整减少额（填附表三）	26 000
	16	其中：不征税收入	26 000
	17	免税收入	
	18	减计收入	
	19	减：免税项目所得	
	20	加计扣除	
	21	抵扣应纳税所得额	
	22	加：境外应税所得弥补境内亏损	

续表

	23	纳税调整后所得（13+14-15+22）	
	24	减：弥补以前年度亏损（填附表四）	
	25	应纳税所得额（23-24）	

（1）当年未享受免税优惠的规划布局重点软件生产企业，享受 10%税率的特殊政策。

（2）软件生产企业的职工培训费据实税前扣除（无限制比例）。

（3）购进软件的企事业单位经核准，最短折旧或摊销期可为两年。

（4）集成电路设计企业可享受上述软件企业优惠政策。

（5）集成电路生产企业的生产设备折旧年限最短可为 3 年（经税务核准）。

（6）投资额超过 80 亿元或集成电路线宽小于 0.25 微米条件的集成电路生产企业，减按 15%的税率计征所得税，经营期 15 年以上的，从获利年度起“五免五减半”。

生产线宽小于 0.8 微米（含）条件的集成电路生产企业，自获利年度起“两免三减半”。

2. 关于鼓励证券投资基金发展的优惠政策

（1）对证券投资基金从证券市场中取得的收入，包括买卖股票、债券的差价收入，股权的股息、红利收入，债券的利息收入及其他收入，暂不征收企业所得税。

（2）对投资者从证券投资基金分配中取得的收入，暂不征收企业所得税。

（3）对证券投资基金管理人运用基金买卖股票、债券的差价收入，暂不征收企业所得税。

【例 24】北京为宜公司，取得了软件企业的资格，从 2012 年始盈利，2013 年盈利 500 万元，预计 2014 年 1 月能实现收入 200 万元。

如果企业在 2014 年 1 月开票，成本费用率为 50%，那么企业应纳企业所得税计算如下。

200×50%×12.5%＝12.5（万元）。

分析：因为执行“两免三减半”的政策，企业所得税率为 12.5%。

让我们想想另一种方法：

如果花费一部分成本，使得客户都在 2011 年 12 月支付款项，那么企业所得税为 0 万元，现在大家来考虑一下，哪一种方法合理合法，而且对企业又有利呢？

3.12.12 其他优惠

（1）过渡期优惠：关于居民企业选择适用税率及减半征税的具体规定如下。

- 居民企业被认定为高新技术企业，同时又处于《国务院关于实施企业所得税过渡优惠政策的通知》（国发〔2007〕39 号）第一条第三款规定享受企业所得税“两免三减半”“五免五减半”等定期减免税优惠过渡期的，该居民企业的所得税适用税率可以选择依照过渡期适用税率并适用减半征税至期满，或者选择适用高新技术企业的 15%税率，但不能享受 15%税率的减半征税。
- 居民企业被认定为高新技术企业，同时又符合软件生产企业和集成电路生产企业定期减半征收企业所得税优惠条件的，该居民企业的所得税适用税率可以选择适用高新技术企业的 15%税率，也可以选择依照 25%的法定税率减半征税，但不能享受 15%税率的减半征税。
- 居民企业取得《中华人民共和国企业所得税法实施条例》第八十六条、第八十七条、第八十八条和第九十条规定可减半征收企业所得税的所得，是指居民企业应就该部分所得单独核算并依照 25%的法定税率减半缴纳企业所得税。
- 高新技术企业减低税率优惠属于变更适用条件的延续政策而未列入过渡政策，因此，凡居民企业经税务机关核准 2007 年度及以前享受高新技术企业或新技术企业所得税优惠，2008 年及以后年度未被认定为高

新技术企业的，自 2008 年起不得适用高新技术企业的 15%税率，也不适用《国务院关于实施企业所得税过渡优惠政策的通知》（国发〔2007〕39 号）第一条第二款规定的过渡税率，而应自 2008 年度起适用 25%的法定税率。

（2）关于居民企业总分机构的过渡期税率执行问题，内容如下。

居民企业经税务机关核准 2007 年度以前，依照《国家税务总局关于外商投资企业分支机构适用所得税税率问题的通知》（国税发〔1997〕49 号）规定，其处于不同税率地区的分支机构可以单独享受所得税减低税率优惠的，仍可继续单独适用减低税率优惠过渡政策；优惠过渡期结束后，统一依照国税的相关具体规定执行，具体总结如表 3.26 所示。

表 3.26 过渡期的企业所得税优惠

企业类型	年 份	执行税率
原享受15%税率	2008年	18%
	2009年	20%
	2010年	22%
	2011年	24%
	2012年	25%
原享受24%税率	2008年	25%

浩子将杨会计给的文件保存在自己的电脑里，然后认真看了起来。

3.13 每章小练

1. 下列企业属于企业所得税纳税人的是（ ）。

A. 在中国境内注册的企业，但是有来源于国外所得

B. 在中国境内注册的个人独资企业

C. 在外国注册的企业，有来源于境内所得

D. 在中国境内注册的外商投资企业

E. 在外国注册的外资企业。

答案：ACD

2. 北京同方公司 2017 年 7 月接受捐赠设备一台，收到的增值税专用发票上注明价款为 50 万元，增值税为 8.5 万元，企业另支付运输费用 2 万元，企业所得税税率为 25%，该项受赠资产应交企业所得税为（　　）。

A. 1 3.32 万元　　B. 14.63 万元

C. 14.03 万元　　D. 14.29 万元

E. 15.60 万元

答案：B

分析：接受捐赠的总额为 50+8.5=58.5（万元）。

应纳企业所得税 58.5×25%=14.63（万元）。

3. 下列情况属于内部处置资产，不需缴纳企业所得税的有（　　）。

A. 将资产用于市场推广

B. 将资产用于对外赠送

C. 将资产用于职工奖励

D. 将自产商品转为自用

E. 将资产用于发放股利

答案：D

分析：ABC 项都属于外部移送，视同销售。

4. 按照企业所得税有关规定应该确认为收入的有（　　）。

A. 用产品发放职工福利

B. 用产品发放生产者奖金

C. 房地产企业将自身开发房屋用做办公场所

D. 以自身产品作为固定资产投入再生产

E. 把产品运到门市部准备销售

答案：ABC

5. 2017 年某居民企业实现产品销售收入 1 200 万元，视同销售收入 400 万元，债务重组收益 100 万元，发生的成本费用总额为 1 600 万元，其中业务招待费支出 20 万元。假定不存在其他纳税调整事项，2017 年度该企业可以税前扣除的业务招待费为（　　）万元。

A. 20　　　　B.8　　　　C. 12

D. 8.5　　　　E. 10

答案：B

分析：企业销售收入合计为 1200+400=1600（万元）

计算企业“销售收入合计”的 5‰为 1600×5‰=8（万元）

6. 大华企业（一般纳税人）因管理不善损失外购材料 50 万元（不含税）。保险公司审理后同意赔付 5 万元，则该企业所得税前可以扣除的损失为（　　）万元。

A. 45　　　　B. 50　　　　C. 53.5

D. 58.5　　　　E. 54.5

答案：C

分析：损失包括货物价格和进项税额。50+50×17%=58.5 万元，减除 5 万元的赔偿部分，得 53.5 万元。

7. 某企业为创业投资企业。2011 年 6 月 1 日，该企业向境内某未上市的中小高新技术企业投资 200 万元。2013 年度该企业利润总额为 890 万元；未经财税部门核准，提取风险准备金 10 万元。已知企业所得税税率为 25%。假定不考虑其他纳税调整事项，2013 年该企业应纳企业所得税税额为（　　）万元。

A. 82.5　　　　B. 85　　　　C. 187.5

D. 190　　　　E. 195

答案：D

解析：未经核定的准备金支出，属于企业所得税前禁止扣除项目。因此，2013年该企业应纳企业所得税税额＝[（890+10）-200×70%]×25%＝190（万元）。

8. 企业的固定资产由于技术进步等原因，确实需要加速折旧的，根据企业所得税法律制度的规定，可以采用加速折旧的方法有（　）。

A. 年数总和法

B. 当年一次折旧法

C. 双倍余额递减法

D. 缩短折旧年限，但最低折旧年限不得低于法定折旧年限的50%

E. 先进后出法

答案：AC

分析：采取加速折旧年限方法的，最低折旧年限不得低于法定折旧年限的60%；采取加速折旧方法的，可以采取双倍余额递减法或者年数总和法。

9. 2013年某生产性企业购买环境保护专用设备用于生产经营，取得的增值税普通发票上注明设备价款为11.7万元。已知该企业2011年亏损40万元，2012年盈利20万元。2013年度经审核的应纳税所得额为60万元。2013年度该企业实际应缴纳企业所得税（　　）万元。

A. 6.83　　B.8.83　　C. 9

D. 10　　E. 7.83

答案：B

分析：应纳企业所得税＝[60-（40-20）]×25%-11.7×10%＝8.83（万元）。

3.14 经验总结

企业所得税的缴纳方式与流转税的缴纳方式不同。

在我国的税收实务中，流转税一般来说是将一个月作为一个流转税

的纳税期间，按月对企业的流转额申报流转税，流转税的税款清算通过每个月的申报完成，年末不再另行清算。

而所得税就大为不同，由于所得税计算的复杂性和特殊性，因此在我国的税收法律法规体系中，企业所得税的申报是以季度为单位，每个季度进行当季度的企业所得税的申报，这个季度企业所得税的申报，不代表对企业所得税的税金缴纳进行清算，这个季度企业所得税的申报，就像草稿一样，只是一个企业所得税的预缴纳、预申报的过程。到年底，才会最终确定当年的纳税数额。

CHAPTER

4 个人所得税，按时缴纳好

“浩子呀！你上个月工作非常努力，所以这个月给你涨工资呀！继续加油！”侯经理拍了拍浩子的肩膀。

4.1 谨记个税起征点

浩　子 侯经理，那我的工资涨到多少呀？

侯经理 3 500 元。以后再看你表现。

浩　子 那我还得交个人所得税……（自言自语）

浩子满脑子都在计算应该交多少税，连杨会计什么时候进来的都不知道。

杨会计 你怎么这么不关注税务方面的新政策呢？现在起征点都变了！

浩子不好意思地挠了挠头。

杨会计 个税起征点，又称“征税起点”或“起税点”，是指税法规定对征税对象开始征税的起点数额。征税对象的数额达到起征点的就全数征税，未达到起征点不征税。

温馨提示

从 2011 年 9 月 1 日开始，个税起征点从 2 000 元提高到 3 500 元。

杨会计 你还不太了解3 500元起征点和相关的政策,先查下相关的资料。

浩子敲了敲自己的脑袋，开始忙碌起来。

个税起征点从 2 000 元提高到 3 500 元后，工薪所得的个人所得税计算公式如下。

应纳个人所得税税额=（应纳税所得-3 500）×适用税率-速算扣除数

其中，应纳税所得=工薪收入-（个人社保缴费+公积金缴费）

个人所得税税率表（7 级税率）如表 4.1 所示。

表 4.1 个人所得税税率表（7 级税率）

级 数	含 税 级 距	税 率	速算扣除数
1	不超过1 500元的	3	0
2	超过1 500元至4 500元的部分	10	105
3	超过4 500元至9 000元的部分	20	555
4	超过9 000元至35 000元的部分	25	1 005
5	超过35 000元至55 000元的部分	35	2 755
6	超过55 000元至80 000元的部分	40	5 505
7	超过80 000元的部分	45	13 505

杨会计 你先试着计算下面这个题的个税。

【例 1】小李月工资 8 000 元，当月上缴社保和公积金 2 300 元，计算当月小李的个人所得税。

计算步骤如下。

第 1 步 应纳税所得额：8 000-2 300-3 500=2 200（元）

第 2 步 适用税率：2200 元，超过 1 500 元至 4 500 元的税率按10%计算。

第 3 步 计算个人所得税额：2 200×10%-105=115 元。

答案：小李当月应纳个税为 115 元。

工资表模板如图 4.1 所示。

1	姓名	实发月薪	养老8%	养老公司20%	失业0.2%	失业公司1%	医疗2%+3	医疗公司10%	工伤公司0.8%	生育公司0.8%	公积金	公积金公司	税前总额	免税收入	免税点	上税工资	税率	速算扣	个税	实发工资
2		5000.00	400.00	100.00	10.00	50.00	103.00	500.00	15.00	40.00	600.00	600.00	5000.00	1113.00	3500.00	387.00	3%	0	11.61	3875.39
3																				
4																				

图 4.1　工资表模板

浩子见杨会计满意地点点头，很高兴。

杨会计 先别高兴得太早，这只是最基本的计算。

浩　子 那您接着给我讲呗！

4.2　个税分类要明确

杨会计 先来看看个税的分类吧。

个人所得税的分类，内容如下。

（1）工资、薪金所得。

（2）个体工商户的生产、经营所得。

个人独资企业、合伙企业的个人投资者以企业资金为本人、家庭成员及其相关人员支付与企业生产经营无关的消费性支出及购买汽车、住房等财产性支出，视为企业对个人投资者利润分配，并入投资者个人的生产经营所得，依照“个体工商户的生产、经营所得”项目计征个人所得税。

（3）对企事业单位的承包经营、承租经营所得。

（4）劳务报酬所得。

劳务报酬指个人独立从事各种非雇佣的各种劳务所取得的所得。包括设计、装潢、安装、制图、化验、测试、医疗、法律、会计、咨询、讲学、新闻、广播、翻译、审稿、书画、雕刻、影视、录音、录像、演出、表演、广告、展览、技术服务、介绍服务、经纪服务、代办服务、其他劳务。

（5）稿酬所得，指个人作品以图书、报刊形式出版、发表取得的所得。

（6）特许权使用费所得。

（7）利息、股息、红利所得，是指个人拥有债权、股权而取得的利息、股息、红利所得，包括如下内容。

①免税的利息：国债、国家发行的金额债券利息、储蓄存款利息。

②除个人独资企业、合伙企业以外其他企业的个人投资者，以企业资金为本人、家庭成员及其相关人员支付与企业生产经营无关的消费性支出，以及购买汽车、住房等财产性支出，视为企业对个人投资者的红利分配，依照“利息、股息、红利所得”项目计征个人所得税。企业的上述支出不允许在所得税前扣除。

③纳税年度内个人投资者从其投资企业（个人独资企业、合伙企业除外）借款，在该纳税年度终了后既不归还又未用于企业生产经营的，其未归还的借款可视为企业对个人投资者的红利分配，依照“利息、股息、红利所得”项目计征个人所得税。

（8）财产租赁所得，是指个人出租建筑物、土地使用权、机器设备、车船及其他财产取得的所得。个人取得的财产转租收入，属于“财产租赁所得”的征税范围，由财产转租人缴纳个人所得税。

（9）财产转让所得，是指个人转让有价证券、股权、建筑物、土地使用权、机器设备、车船及其他财产取得的所得。

（10）偶然所得，如个人得奖、中奖及其他偶然性质所得。

（11）其他所得。

小贴士

目前对股票转让所得暂不征收个人所得税。个人取得单张有奖发票奖金所得不超过 800 元（含 800 元）的，暂免征收个人所得税；个人取得单张有奖发票奖金所得超过 800 元的，应全额按照个人所得税法规定的“偶然所得”征收个人所得税。

【例 2】李珊和王艾兰两人合买彩票，结果中了 1 700 元奖金，李珊分了 800 元，王艾兰分了 900 元。计算两人应纳个人所得税。

计算步骤如下。

第 1 步　李珊免个人所得税。

第 2 步　王艾兰个人所得税额：900×20%=180（元）。

4.3　工资、薪金所得应纳税额的计算

杨会计 你现在应该会计算最基本的个税了，也大概了解了个人所得税，接下来，我就讲讲个税的计算方法，让你能更熟练地计算。先看看工资、薪金所得应纳税额的计算。

应纳税额＝（每月收入额-3 500 元或 4 800 元）×适用税率-速算扣除数。以 2011 年 9 月 1 日为界，以前扣除 2 000 元，以后扣除 3 500 元。

【例 3】2011 年 11 月王磊应发工资 6 200 元，交纳社会统筹的养老保险 200 元，失业保险 100 元，单位代缴水电费 200 元，计算张海本月应纳个人所得税。

计算步骤如下。

第 1 步　计算应纳税所得额：6 200-200-100-3 500=2 400（元）。

第 2 步　个人所得税额：2 400×10%-105=135（元）。

答案：张海本月应纳个人所得税为 135 元。

分析：代缴水电费不能扣除。

4.4　劳务报酬所得应纳税额的计算

计算劳务报酬的应纳税额，只有一次性收入的，以取得该项收入作为一次所得计算个人所得税。属于同一事项连续取得收入的，以一个月内取得的收入为一次，不能以每天取得的收入为一次。

【例 4】2017 年 1 月李丽与一家培训机构签订了一年的劳务合同，合同规定李丽从 1 月起每周六为该培训中心授课 1 次，每次报酬为 1 200

元。1 月份为培训中心授课 4 次。计算培训中心 1 月份支付李丽授课费应代扣代缴的个人所得税。

计算步骤如下。

第 1 步　应纳税所得额：1 200×4=4 800（元）。

第 2 步　计算个人所得税额：4 800×（1-20%）×20%=768（元）。

答案：李丽应纳个人所得税 768 元。

劳动报酬的加成征收，如表 4.2 所示。

表 4.2　劳动报酬的加成征收

应纳税所得额	适用税率	速算扣除数
20 000元以下	20%	0
20 000～50 000元	30%	2 000
50 000元以上	40%	7 000

【例 5】艾米为一中外合资企业的职员，3 月份为某企业提供技术服务，取得报酬 40 000 元。计算企业应代付的个人所得税。

计算步骤如下。

第 1 步　应纳税所得额：40 000 元适用 30%的税率。

第 2 步　计算个人所得税：40 000×（1-20%）×30%-2 000=7 600（元）。

答案：艾米应纳个人所得税 7 600 元。

4.5　稿酬所得应纳税额的计算

以每次出版、发表取得的收入为一次，出版发表的收入如图 4.2 所示。

【例 6】张某在报刊上发表作品，每次得到的收入为 600 元，连载 10 次，然后出版成中篇小说，取得收入 18 000 元。计算王某应纳个人所得税。

计算步骤如下。

第 1 步　连载收入：600×10=6 000（元）。

第 2 步　出版的收入：18 000 元。

应分别计算个人所得税。

第 3 步　计算税额：6 000×（1-20%）×20%×（1-30%）=672（元）。

注：稿酬减征 30%，按 70%征收个人所得税。

18 000×（1-20%）×20%×（1-30%）=2 016（元）。

第 4 步　计算个人应纳所得税：2 016+672=2 688（元）。

答案：王某应纳个人所得税 2 688 元。

- 同一作品再版取得的所得，应视为另一次稿酬所得计征个人所得税。
- 同一作品先在报刊上连载，然后再出版，或者先出版，再在报刊上连载的，应视为两次稿酬所得征税，即连载作为一次，出版作为另一次。
- 同一作品在报刊上连载取得收入的，以连载完成后取得的所有收入合并为一次，计征个人所得税。
- 同一作品在出版和发表时，以预付稿酬或分次支付稿酬等形式取得的稿酬收入，应合并计算为一次。
- 同一作品出版、发表后，因添加印数而追加稿酬的，应与以前出版、发表时取得的稿酬合并计算为一次，计征个人所得税。

图 4.2　出版发表的收入

4.6　特许权使用费所得

特许权使用费所得，以某项使用权的一次转让所取得的收入为一次。如果该次转让取得的收入是分笔支付的，则应将各笔收入相加为一次的收入，计征个人所得税。

费用减除标准如下。

- 特许权使用费所得，每次收入不超过 4 000 元的，减除费用 800 元；4 000 元以上的，减除 20%的费用，其余额为应纳税所得额。
- 对于个人从事技术转让中所支付的中介费，若能提供有效合法凭证，允许从其所得中扣除。
- 特许权使用费所得适用 20%的比例税率，其应纳税额的计算公式如下。

应纳税额=应纳税所得额×适用税率

【例 7】王某于 2017 年 4 月出让其一项专利权，取得收入 50 000 元。计算王某 4 月应纳税额。

计算步骤如下。

第 1 步　应纳税所得额：50 000×（1-20%）=40 000（元）。

第 2 步　应纳税额：40 000×20%=8 000（元）。

答案：王某 4 月应纳税额是 8 000 元。

4.7　财产租赁所得

财产租赁所得，以一个月内取得的收入为一次。个人按市场价格出租居民住房，减按 10%税率征收。

个人出租房产，在计算缴纳所得税时从收入中依次扣除以下费用，如图 4.3 所示。

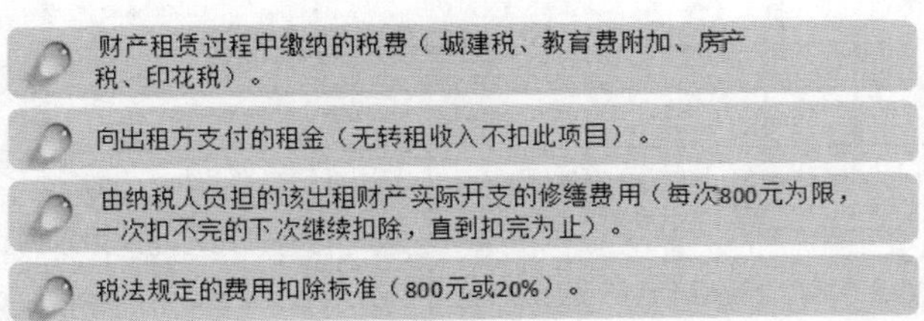

图 4.3　缴纳所得税扣除的费用

【例 8】张丹于 2017 年 4 月 1 日起将其位于市区的一套公寓住房按市价出租，每月收取租金 4 500 元。4 月因卫生间漏水发生修缮费用 1 400 元，已取得合法有效的支出凭证。

要求：计算张丹 4 月、5 月出租房屋应缴纳的个人所得税（不考虑其他税费）。

计算步骤如下。

第 1 步　4 月的租金≤4000 元，扣除 800 元 租金＞4000 元，扣除 20% 故，个人所得税=[4 500×（1-20%）－800]×10%=280（元）。

第 2 步　5 月的个人所得税：[4 500×（1-20%）－600]×10%=300（元）。

第 3 步　4 月、5 月的个税合计：280+300=580（元）。

分析：可扣除房屋的修缮费，每月不超过 800 元，第一个月扣 800 元，余下 600 元在第二个月扣除。

答案：4 月、5 月应缴的出租房屋个人所得税为 580 元。

4.8　其他所得

其他所得包括的内容如图 4.4 所示。

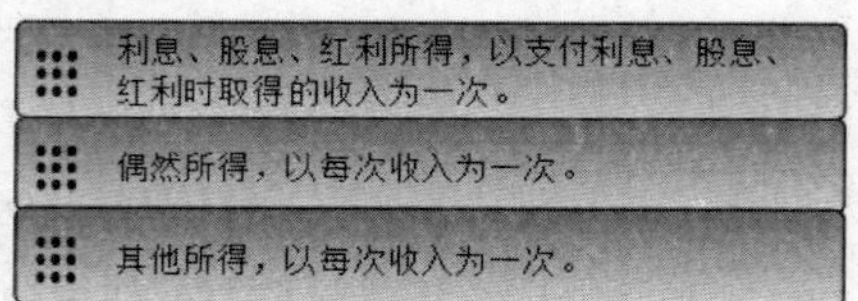

图 4.4　其他所得

个人所得税的项目扣除，如表 4.3 所示。

表 4.3　个人所得税的项目扣除

项　目	扣　除
工资、个体工商户生产、经营所得、对企事业单位承包、承租经营所得	2011年9月1日前扣2 000元/月 2011年9月1日以后扣3 500元/月
劳务报酬所得、稿酬所得，特许权使用费所得、财产租赁所得	每次收入≤4 000元：定额扣800元 每次收入>4 000元：定率扣20%
财产转让所得	转让财产的收入额减除财产原值和合理费用
利息、股息、红利所得，偶然所得和其他所得	无费用扣除，以每次收入为应纳税所得额

小贴士

- 个人投资者从上市公司取得的股息、红利所得，暂减按 50%计入个人应纳税所得额。
- 证券投资基金从上市公司分配取得的股息、红利所得，扣缴义务人在代扣代缴个人所得税时，减按 50%计入个人应纳税所得额。
- 外籍人士工资所得扣除 4 800 元。

浩子认真地在纸上算呀算，总算弄明白了。

浩 子 这下子，我可是记住这些公式了。

杨会计 在这里，你得特别注意一下个税扣除的规定。

个人所得税扣除的特殊规定如图 4.5 所示。

个人将其所得通过中国境内的社会团体、国家机关，向教育和其他社会公益事业，以及遭受严重自然灾害地区、贫困地区捐赠，捐赠额未超过纳税人申报的应纳税所得额30%的部分，可从其应纳税所得额中扣除。

非营利的社会团体和国家机关向农村义务教育的捐赠，准予在缴纳个人所得税前的所得额中全额扣除。

图 4.5 个人所得税扣除的特殊规定

4.9 内部退养人员的纳税计算

浩 子 杨会计，办理内部退养的人员该怎么交个税呢？

内部退养人员的个人所得税计税方法如下。

（1）个人在办理内部退养手续后，从原单位取得的一次性收入，应按办理内部退养手续后，至法定离退休年龄之间的所属月份进行平均，并与领取当月的“工资、薪金”所得合并后，减除当月费用扣除标准，以余额为基数确定适用税率，再将当月工资、薪金加上取得的一次性收入，减去费用扣除标准，按适用税率计征个人所得税。

（2）如果个人在办理内部退养手续后至法定离退休年龄之间，重新就业取得的“工资、薪金”所得，应与其从原单位取得的同一月份的“工资、薪金”所得合并，并依法自行向主管税务机关申报缴纳个人所得税。

【例 9】大合公司的李某距离法定退休年龄尚有两年零 6 个月时，在 2011 年 9 月办理了内部退养手续，当月领取工资 2 200 元和一次性补偿收入 60 000 元。计算李某 8 月份应缴纳的个人所得税。

计算步骤如下。

第 1 步　计算应纳税所得额：60 000/30+2 200−3 500=700（元）。

注：离退休还有 30 个月，700 元适用 3%的税率。

第 2 步　计算应纳税额：（60 000+2 200−3 500）×3%=1 761（元）。

答案：李某 8 月份应缴纳个人所得税 1 761 元。

浩　子 杨会计，全年一次性奖金该怎么计税？

杨会计 我先给你简单地说一说，再有问题的话，回头给你细讲。

4.10　一次性奖金的计税方法

个人取得全年一次性奖金的计税方法如下。

（1）先将当月取得的全年一次性奖金，除以 12 个月，按其商数确定适用税率和速算扣除数。

如果在发放年终一次性奖金的当月，雇员当月工资薪金所得低于税法规定的费用扣除额，应将全年一次性奖金减除“雇员当月工资薪金所得与费用扣除额的差额”后的余额，按上述办法确定全年一次性奖金的适用税率和速算扣除数。

（2）将雇员个人当月内取得的全年一次性奖金，按上述适用税率和速算扣除数计算征税。

【例 10】肖离 2011 年 4 月取得 2010 年全年一次性奖金 36 000 元，肖离当月的工资为 5 000 元。计算奖金收入应缴纳的个人所得税。

注意

因为是 2011 年 4 月，所以个人所得税扣除额按 2000 元计算。

计算步骤如下。

第 1 步　适用税率：36 000÷12=3 000（元），所以税率为 10%，速算扣除数为 105。

第 2 步　计算税额：36 000×10%-105=3 495（元）。

答：肖离奖金收入应缴纳的个人所得税为 3 495 元。

温馨提示

如果雇员当月工资薪金所得低于税法规定的费用扣除额，适用如下公式。

应纳税额 =（雇员当月取得全年一次性奖金 - 雇员当月工资薪金所得与费用扣除额的差额）×适用税率 - 速算扣除数

雇员取得除全年一次性奖金以外的其他各种名目奖金，如半年奖、季度奖、加班奖、先进奖、考勤奖等，一律与当月工资、薪金收入合并，按税法规定缴纳个人所得税。

4.11　员工的赔偿金如何计税

杨会计 我再给你说说对个人因解除劳动合同取得经济补偿金的征税问题，这个以后你肯定能用到。

企业依照国家有关法律规定宣告破产，企业职工从该破产企业取得的一次性安置费收入，免征个人所得税。

个人因与用人单位解除劳动关系而取得的一次性补偿收入（包括用人单位发放的经济补偿金、生活补助费和其他补助费），其收入在当地上年职工平均工资 3 倍数额以内的部分，免征个人所得税；超过 3 倍数额部分的一次性补偿收入，可视为一次取得数月的工资、薪金收入，允许在一定期限内平均计算。

计算时以超过 3 倍数额部分的一次性补偿收入，除以个人在本企业的工作年限数（超过 12 年的按 12 年计算），以其商数作为个人的月工资、薪金收入，按照税法规定计算缴纳个人所得税。个人在解除劳动合同后又再次任职、受雇的，已纳税的一次性补偿收入不再与再次任职、受雇的工资薪金所得合并计算补缴个人所得税。

【例 11】白露就职于国内某上市公司，公司于 2017 年 3 月与她签订了解除劳动关系协议，公司一次性支付给已在本公司任职 6 年的白露经济

补偿金 150 000 元（上市公司所在地上年职工平均工资为 40 000 元）。

要求：计算公司 3 月份支付白露一次性经济补偿金应代扣代缴的个人所得税。

计算步骤如下。

第 1 步　计算年平均工资的 3 倍。

40 000×3=120 000（元）。

第 2 步　计算白露获得的一次性经济补偿金减去当地上年平均工资额。

150 000−120 000=30 000（元）。

分析：由于个人因与用人单位解除劳动关系而取得的一次性补偿收入（包括用人单位发放的经济补偿金、生活补助费和其他补助费），其收入在当地上年职工平均工资 3 倍数额以内的部分，免征个人所得税；超过 3 倍数额部分的一次性补偿收入，可视为一次取得数月的工资、薪金收入，允许在一定期限内平均计算。

第 3 步　适用税率。

30 000÷6−3 500=1500（元），税率为 3%。

第 4 步　计算应纳所得税额。

1 500×3%×6=270（元）。

答案：公司支付白露一次性补偿金代缴的个税为 270 元。

4.12　加班费也要纳个税

浩　子 杨会计，这加班费也要算进个人所得税吗？

杨会计没有直接回答。

杨会计 工资、薪金所得，是指个人因任职或者受雇而取得的工资、薪金、奖金、年终加薪、劳动分红、津贴、补贴及任职或者受雇有关的其他所得。

杨会计 我给你举个实例吧！

【例 12】薛冰 2012 年 4 月份发放工资 10 000 元，收到加班费 2000 元，收到午餐补助 400 元，计算薛冰 4 月份应纳个人所得税。

计算步骤如下。

第 1 步 应纳税所得额：10 000+2 000=12 000（元）。

第 2 步 12 000-3500=8500（元），适用的税率是 20%，速算扣除数是 555。

第 3 步 应纳个人所得税：8500×20%-555=1145（元）。

答案：薛冰 4 月份应纳个人所得税为 1145 元。

小贴士

不征税的项目包括如下内容。

- 独生子女补贴。
- 执行公务员工资制度未纳入基本工资总额的补贴、津贴差额和家属成员的副食品补贴。
- 托儿补助费。
- 差旅费津贴、午餐补助。

4.13 劳务报酬也纳税

浩 子 杨会计，今天怎么这么忙？

原来杨会计老师也在别的公司做兼职，这样就有好几份工资。

浩 子 这要怎么计算税率呢？

杨会计 在两处以上开工资的，要合并纳税。这是劳务报酬，也是需要缴纳个人所得税的。

下面是杨会计计算的自己的个人所得税。

【例 13】2016 年 9 月工资加奖金 8 000 元，兼职收入 1 500 元，扣除社保和公积金500元，计算杨会计的个人所得税。

计算步骤如下。

第1步　工资、薪金的个人所得税：（8 000-3 500-500）=4 000（元）。

第2步　适用税率：10%。

第3步　计算个人所得税额：4 000×10%-105=295（元）。

第4步　计算劳动报酬的个人所得税额：1 500×（1-20%）×20%=240（元）。

答案：2011年9月共需缴纳个人所得税295+240=535元。

4.14　如有两笔多收入，个税核算要合并

想着杨会计说的在两处以上开的工资，要合并纳税，浩子晚上回到家，又仔细在电脑里搜索了一些相关的知识，并进行了总结，具体如下。

4.14.1　一个人在两处以上取得收入的计税方法

（1）凡是由雇佣单位和派遣单位分别支付的，只由雇佣单位一方在支付工资、薪金时，按税法规定减除费用，计算扣缴个人所得税；派遣单位支付的工资、薪金不再减除费用，以支付金额直接确定适用税率，计算扣缴个人所得税。

（2）对可以提供有效合同或有关凭证，能够证明中方工作人员工资、薪金所得的一部分按照有关规定上缴派遣（介绍）单位的，可扣除其实际上缴的部分，按其余额计征个人所得税。

【例14】夏雨为一外商投资企业雇佣的中方人员，假定2017年3月，该外商投资企业支付给夏雨的薪金为7 800元。同月，夏雨还收到其所在的派遣单位发放的工资2 100元。问：该外商投资企业、派遣单位应如何扣缴夏雨的个人所得税？夏雨实际应缴的个人所得税为多少？

计算步骤如下。

第 1 步 计算外商投资企业应为夏雨扣缴的个人所得税。

扣缴税额＝（每月收入额-3 500）×适用税率－速算扣除数

（7 800-3 500）×10%-105＝325（元）。

第 2 步 计算派遣单位应为夏雨扣缴的个人所得税。

扣缴税额＝每月收入额×适用税率－速算扣除数

2 100×10%-105＝105（元）。

第 3 步 计算夏雨实际应缴的个人所得税。

应纳税额＝（每月收入额-3 500）×适用税率－速算扣除数

（7 800＋2 100－3 500）×20%-555＝725（元）

第 4 步 应补缴个人所得税：725-325-105=295（元）

答案：该外商投资企业扣缴夏雨个人所得税 325 元，派遣单位扣缴夏雨个人所得税 105 元。

夏雨实际应缴的个人所得税为 725 元，个人还应补缴 295 元。

4.14.2 免征个人所得税的收入

（1）省级人民政府、国务院部委、中国人民解放军军级以上单位，以及外国组织颁发的科学、教育、技术、文化、卫生、体育、环境保护等方面的奖金。

（2）国债和国家发行的金融债券利息。

（3）按国家统一规定发给的补贴、津贴（两院院士的特殊津贴每人每年 1 万元）。

（4）福利费、抚恤金、救济金。

（5）保险赔款。

（6）军人的转业费、复员费。

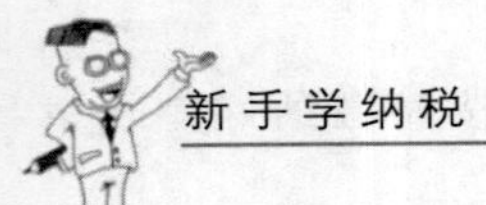

（7）离退休工资。

（8）驻华使馆、领事馆的人员免税。

（9）中国政府参加的国际公约以及签订的协议中规定免税的所得。

（10）见义勇为奖金。

（11）企业和个人按照省级以上人民政府规定的标准，以个人工资中的部分作为社会保险（住房、医疗、失业、养老、生育等）免税。

（12）个人领取原提存的住房公积金、医疗保险金、基本养老保险金时，免予征收个人所得税。

（13）外籍个人以非现金形式或实报实销形式取得的住房补贴、伙食补贴、搬迁费、洗衣费。

（14）外籍个人按合理标准取得的境内、外出差补贴。

（15）外籍个人取得的探亲费、语言训练费、子女教育费等，经当地税务机关审核批准为合理的部分。

（16）个人举报、协查违法、犯罪行为而获得的奖金。

（17）个人办理代扣代缴税款的手续费。

（18）个人转让自用达 5 年以上并且是唯一的家庭居住用房取得的所得。

（19）外籍个人从外商投资企业取得的股息、红利所得。

（20）股权分置改革中非流通股股东通过对价方式向流通股股东支付的股份、现金等收入，暂免征收流通股股东应缴纳的个人所得税。

（21）对被拆迁人按照国家有关城镇房屋拆迁管理办法规定的标准取得的拆迁补偿款，免征个人所得税。

（22）个人取得单张有奖发票奖金所得不超过 800 元（含 800 元）的，暂免征收个人所得税；个人取得单张有奖发票奖金所得超过 800 元的，应全额按照个人所得税法规定的“偶然所得”项目征收个人所得税。

（23）保险营销员的佣金。

保险营销员的佣金由展业成本和劳务报酬构成：展业成本（佣金的40%），免征个人所得税。劳务报酬部分，扣除实际缴纳的营业税及附加后，依照税法有关规定计算征收个人所得税。

4.15 每章小练

1. 下列各项中，应当按照工资、薪金所得项目征收个人所得税的有（　）。

A. 劳动分红　　B. 独生子女补贴

C. 差旅费津贴　　D. 单位发放的无食堂补助

E. 交通补贴

答案：ADE

2. 根据个人所得税法律制度的规定，个人转让房屋所得应适用的税目是（　）。

A. 财产转让所得　　B. 特许权使用费所得

C. 偶然所得　　D. 劳务报酬所得

答案：A

3. 根据个人所得税法律制度的规定，下列个人所得中，免征个人所得税的是（　）。

A. 劳动分红　　B. 出版科普读物的稿酬所得

C. 年终奖金　　D. 转让自用 6 年唯一家庭生活用房所得

答案：D

解析：（1）选项 AC 按“工资、薪金所得”税目计征个人所得税；（2）选项 B 按“稿酬所得”税目计征个人所得税；（3）选项 D 对个人转让自用 5 年以上并且是家庭唯一生活用房取得的所得，免征个人所得税。

4. 根据个人所得税法律制度的规定，下列各项中，应计算缴纳个人

所得税的有（ ）。

A. 职工个人以股份形式取得的仅作为分红依据，不拥有所有权的企业量化资产

B. 职工个人以股份形式取得的拥有所有权的企业量化资产

C. 职工个人以股份形式取得的拥有所有权的企业量化资产，转让时取得的收入

D. 职工个人以股份形式取得的企业量化资产参与企业分配而获得的股息、红利

答案：CD

解析：（1）选项 A 不征收个人所得税；（2）选项 B 暂缓征收个人所得税；（3）选项 C 就其转让收入额，减除个人取得该股份时实际支付的费用支出和合理转让费用后的余额，按“财产转让所得”项目计征个人所得税；（4）选项 D 应按“利息、股息、红利”项目征收个人所得税。

4.16 经验总结

个人的工资薪金所得税是由发给个人该工资薪金的企业进行代扣代缴的。在实务中，个人实际拿到手的工资是税后工资，其需要缴纳的个人所得税，由企业通过企业的申报纳税系统代为扣缴到税务主管机关。如果公司为了让员工拿到高工资而故意逃税，是要承担法律责任的。

CHAPTER

5 盘点消费税

“早上好，侯经理。”浩子看见侯经理打了个招呼，心想今儿个是怎么了，老板怎么来这么早。“来了呀！浩子，什么事这么高兴呀！”侯经理见浩子一脸的兴奋忍不住问。“没事，这不是发工资了嘛！我在想买点什么送给杨会计以表示感谢呢！”浩子笑嘻嘻地说。侯经理想了想说：“你这工资也没多少，还是我送吧！”“那怎么行呢！这是我的心意呀！”浩子一边摇头一边说。“你好好干，就是回报，就这样决定。”

5.1 大手笔的消费税

侯经理 浩子呀！进来一下。你说送杨会计什么东西呢！要不你去旁敲侧击一下，看杨会计需要什么东西。

浩　子 好的，那我就去打探打探情况，保证完成任务！

浩子举着手信誓旦旦地说，一下子把侯经理给逗乐了。

浩　子 杨会计，我想向您咨询问题。

杨会计看了看浩子。

杨会计 什么问题，说说看。

浩子磨叽半天也没说出个所以然，杨会计见状只好不耐烦地催促。

杨会计 再不说，我走了。

浩　子 其实我就是想买件礼物送人，想让您帮我参谋参谋。

杨会计 那得看你要送什么人？

浩　子 嗯，是我的一位好朋友。

浩子想了想，杨会计虽然没有结婚但一定也有女朋友。

杨会计 那你有没有想好呢？

浩　子 我本来想着送化妆品套装，只是不知道人家会不会喜欢。

杨会计 那我考考你啊，你知道化妆品都包括哪些内容吗？

浩　子 啊？

难道这里面还有大学问？浩子不由地张大嘴。

杨会计 我来告诉你吧。化妆品包括：各类美容、修饰类化妆品，高档护肤类化妆品和成套化妆品。美容、修饰类化妆品指香水、香水精、香粉、口红、指甲油、胭脂、眉笔、唇笔、蓝眼油、眼睫毛以及其成套化妆品。另外，你可知道购买化妆品是要缴纳消费税的哦，其消费税税率是30%。

浩　子 消费税？我以前都没听过啊！

一听到新名词，浩子就把“送礼”这事给抛诸脑后。

杨会计 一会儿再给你详细介绍消费税，现在先试着计算化妆品的消费税。

5.1.1　跟浩子一起计算化妆品的消费税

【例 1】小艾购买化妆品一盒，购买价 585 元，计算其中所含消费税。

计算步骤如下。

第 1 步　适用税率：化妆品的消费税税率为 15%。

第 2 步　计算销售额：585/（1+17%）=500（元）。

分析：个人购买化妆品是含增值税价格。

第 3 步　计算消费税：500×15%=75（元）。

答案：小艾需缴纳消费税 75 元。

浩　子 这么多呀！那送护肤品呢？

杨会计 护肤品、护发品都属于化妆品。

【例 2】某公司从境外进口一批化妆品，关税完税价格为 56 000 元，关税税率为 25%，计算应纳消费税税额。

计算步骤如下。

第 1 步　适用税率：化妆品消费税率为 15%。

第 2 步　组价：（56 000+56 000×25%）/（1-15%）=82352.94（元）。

第 3 步　应纳税额：82352.94×15%=12352.94（元）。

答案：应纳消费税 12352.94 元。

浩　子 如果咱们用咱公司的产品跟别人交换化妆品，是不是就不用缴纳消费税呀？

杨会计 你这可不是什么好主意。

5.1.2　化妆品消费税税法规定及实例

税法中规定如下。

纳税人自产的应税消费品用于换取生产资料和消费资料、投资入股和抵偿债务等方面，应当按纳税人同类应税消费品的最高销售价格作为计税依据。

也就是说如果一个企业的某一产品，销售价不同，有的 200 元/件，有的 240 元/件，换取生产资料的要用最高价 240 元/件作为计税依据。

【例 3】某企业销售给甲公司 A 类化妆品 100 件，单价 260 元，销售给乙企业 A 类化妆品 10 件，单价 240 元，同时用 A 类化妆品 10 件换取丙企业的原材料 2 吨。计算企业本月应纳消费税。

计算步骤如下。

第 1 步　适用税率：化妆品消费税税率为 15%。

第 2 步　销售额：100×260+10×240+10×260=31 000（元）。

分析：换、抵、投要用最高价格。

第 3 步　计算消费税应纳税额：31 000×15%=4650（元）。

答案：本月应纳消费税 4650 元。

5.2 赶紧戒烟，健康又省钱

送化妆品还要纳税，还是算了吧。浩子心里盘算着，平时也没见杨会计抽过烟，不如再试探试探。

浩　子 买化妆品要缴纳消费税，那我送烟，行吧？

杨会计敲了敲浩子的脑袋。

杨会计 你知道一包烟包含多少税吗？有增值税，还有消费税。我们就说说这烟吧。

5.2.1 跟浩子一起计算烟的消费税

【例 4】一包“中华”烟，如果它的成本是 42 元，那么加上 17%的增值税，再加上 56%的消费税，再加上城建税和教育费附加，还有批发环节的消费税，计算它到消费者手中的价格。

计算步骤如下。

第 1 步　计算增值税（假定成本利润率为 10%，忽略一包烟的定额税及原料的进项税）。

42×（1+10%）÷（1−56%）×17%=17.85（元）

第 2 步　计算生产环节的消费税。

42×（1+10%）÷（1−56%）×56%=58.80（元）

第 3 步　计算城建税及教育费附加。

（17.85+58.80）×（3%+7%）=7.67（元）

第 4 步　计算批发环节消费税（假定成本利润率为 10%）。

［42×（1+10%）+17.85+58.80+7.67］×（1+10%）×5%=7.18（元）

第 5 步 税款合计。

17.85+58.80+7.67+7.18=91.50（元）

答案：一包“中华”烟到消费者的手中价格是 91.50 元。

5.2.2 烟的消费税税法规定

消费品的普遍税额是很高的，但是其征税原则明确，需缴纳消费税的消费品如图 5.1 所示。

- 过度消费会对人身健康、社会秩序、生态环境等方面造成危害的特殊消费品，如烟、酒等。
- 非生活必需品，如化妆品、珠宝玉石等。
- 高能耗及高档消费品，如摩托车、小汽车等。
- 不可再生和不可替代的稀缺资源，如汽油等。
- 税基宽广、消费普遍、征税后不影响居民基本生活并具有一定财政意义的消费品，如汽车轮胎等。

图 5.1 需缴纳消费税的消费品

浩 子 杨会计，您说的“56%”是什么呀？

杨会计 这是烟的其中的一个税率，接下来我会详细介绍。

浩 子 好啊！ 杨会计，您吸烟吗？

杨会计 不吸，烟又贵，还有害健康。

浩子想，看来这送烟也得泡汤了，关于“送礼”的事，还是回去和侯经理商量商量，再从长计议吧。

5.3 如何缴纳消费税，细细盘点有多少

浩 子 杨会计，您前面提到消费税，我不是太了解，您能给我细说一下吗？

杨会计 好。关于税率，我会着重介绍。

5.3.1 杨会计讲税率

消费税是对我国境内从事生产、委托加工和进口应税消费品的单位和个人征收的税，特点如下。

（1）征税项目具有选择性，现阶段共有15个税目。

（2）征税环节单一。它只在生产、流通或者消费的某一个环节征收（2009年5月1日起，卷烟在批发环节加征一道消费税）。

（3）具有调节性和转嫁性。运用国家税收杠杆对一些特殊消费品的购买进行调节，如烟、酒等。税款最终转嫁到消费者身上。

消费税的税目税率如表5.1所示。

表5.1 消费税的税目税率表

税　目	税　率
一、烟	
1.卷烟	
（1）甲类卷烟	56%加0.003元/支（生产环节）
（2）乙类卷烟	36%加0.003元/支（生产环节）
（3）批发环节	11%加0.005元/支
2.雪茄烟	36%
3.烟丝	30%
二、酒	
1.白酒	20%加征0.5元/500克（或者500毫升）
2.黄酒	240元/吨
3.啤酒	
（1）甲类啤酒	250元/吨
（2）乙类啤酒	220元/吨
4.其他酒	10%
三、高档化妆品	15%
四、贵重首饰及珠宝玉石	
1.金银首饰、铂金首饰和钻石及钻石饰品	5%
2.其他贵重首饰和珠宝玉石	10%
五、鞭炮、焰火	15%

续上表

税　目	税　率
六、成品油 1.汽油 2.柴油 3.航空煤油 4.石脑油 5.溶剂油 6.润滑油 7.燃料油	 1.52元/升 1.20元/升 1.20元/升 1.52元/升 1.52元/升 1.52元/升 1.20元/升
七、摩托车 1.汽缸容量（排气量，下同）250毫升 2.汽缸容量在250毫升（不含）以上的	 3% 10%
八、小汽车 1.乘用车 （1）汽缸容量（排气量，下同）在1.0升（含1.0升）以下的 （2）汽缸容量在1.0升以上至1.5升（含1.5升）的 （3）汽缸容量在1.5升以上至2.0升（含2.0升）的 （4）汽缸容量在2.0升以上至2.5升（含2.5升）的 （5）汽缸容量在2.5升以上至3.0升（含3.0升）的 （6）汽缸容量在3.0升以上至4.0升（含4.0升）的 （7）汽缸容量在4.0升以上的 2.中轻型商用客车	 1% 3% 5% 9% 12% 25% 40% 5%
九、高尔夫球及球具	10%
十、高档手表	20%
十一、游艇	10%
十二、木制一次性筷子	5%
十三、实木地板	5%
十四、电池	4%
十五、涂料	4%

说明：烟是指以烟叶为原料加工生产的特殊消费品。

小贴士

- 烟类中，纳税人自产自用的卷烟，应按同类纳税人生产的同牌号规格的销售价格确定，如果没有同牌号价格的，一律按最高税率征税。

- 委托加工的卷烟，按照受托方同牌号规格的卷烟价格确定，如果没有同牌号价格的，一律按最高税率征税。
- 残次品的卷烟按同牌号正品卷烟确定。
- 一律按最高税率确定的有白包卷烟、手工卷烟、未经国务院批准纳入计划的企业和个人生产的卷烟。

5.3.2 杨会计讲酒类消费税

杨会计 怎么样？明白得差不多了吧？

杨会计边说边整理着关于酒类方面的资料。

杨会计 这俗语说“烟酒不分家”，咱们就看看酒类的消费税是如何规定的。

关于酒类的消费税规定如下。

酒中的白酒，是指以粮食或者薯类为原料采用蒸馏方法配制的白酒。黄酒，是指以糯米、粳米、籼米、大米、黄米、玉米、小麦等为原料，经加温、糖化、发酵、压榨酿制的酒。

（1）啤酒的征税范围包括各种包装和散装的啤酒。无醇啤酒比照啤酒征税。

（2）在酒类中，对饮食业、娱乐业举办的啤酒屋，利用啤酒生产设备生产的啤酒，应当征收消费税。

酒精：是指以含有淀粉或糖分的原料，经糖化和发酵后，用蒸馏方法生产的酒精度数在 95 度以上的无色透明液体。酒精的消费征税标准规定如下。

（1）以外购酒精为原料，经蒸馏脱水处理后生产的无水乙醇，属于酒精的征收范围。

（2）对企业以白酒和酒精为酒基，加入果汁、香料、色素、药材、补品、糖、调料等配制或泡制的酒，不按“其他酒”的税目征税，一律按酒基所用的原料确定白酒的适用税率。

（3）调味料酒不征消费税。

消费税的特殊规定如图 5.2 所示。

- 化妆品类中，舞台、戏剧、影视演员化妆用的不征收消费税。
- 体育上用的发令纸、鞭炮引线，不征消费税。
- 航空煤油暂不征收消费税。
- 汽车轮胎中，翻新轮胎和子午线轮胎不征消费税。
- 货车或厢式货车改装生产的商务车等专用汽车、沙滩车、雪地车之类的不征消费税。
- 高档手表销售价格（不含增值税）在 10 000 元以上的（含 10 000 元），征收消费税。
- 对大于 8 米、小于 90 米的游艇征收消费税

图 5.2　消费税的特殊规定

5.4　消费税的一般计算

浩　子 杨会计，关于消费税和税率，我都大概了解了，可是这消费税应该怎么计算呢？

浩子这会儿只想着快点弄明白消费税的知识，送礼的事早就不记得了。

杨会计 那好，咱们先从例子中看看消费税的一般计算。

【例 5】某酒厂 2017 年 5 月发生如下业务。

（1）销售啤酒 400 吨，每吨出厂价为 2 800 元。

（2）销售白酒 100 吨，不含税销售收入 5 000 000 元，当月取得增值税专用发票，注明价款万元。

计算酒厂当月应纳消费税。

计算步骤如下。

第 1 步　适用税率或单位税额。

啤酒每吨 3 000 元以下的单位税额为 220 元。

白酒税率为 20%，另外每斤 0.5 元（1 吨=2000 斤）。

第 2 步　计算啤酒的税额：400×220=88 000（元）。

第 3 步　计算白酒的税额：5 000 000×20%+100×2 000×0.5=1 100 000

（元）。

第 4 步　本月应纳消费税额：88 000+1 100 000=1 188 000（元）。

5.5　可以抵扣的消费税

杨会计 还有个委托加工消费品应纳消费税的问题，不过我得先说说已纳消费税抵扣的问题。

浩　子 您的意思是消费税也能抵扣？快给我讲讲吧！

杨会计 因为某些消费品是用从外面购入的已经缴纳消费税的消费品、连续生产出来的消费品，对于这些产品计税时，税法规定应按当期领用数量计算扣除其已纳消费税。

5.5.1　可以抵扣消费税的范围

可以抵扣消费税的范围如图 5.3 所示。

图 5.3　抵扣消费税的范围

浩　子 什么情况都可以抵扣吗？

杨会计 当然不是，也有不允许抵扣的情况，比如酒和酒精、小汽车、高档手表、游艇、金银首饰和钻石饰品等。

浩　子 如果用已税的汽车轮胎生产的小汽车也不能抵扣吧？

杨会计 是呀！一是小汽车本就不在抵扣之列，二是轮胎和小汽车也不是同一种类的消费品。一定要记住只有同一类的消费品才能抵扣。

浩　子 杨会计，是不是该给我讲讲委托加工消费品应纳消费税的问题了？

杨会计 你这浩子，真是好学呀！

5.5.2　受托方代扣代缴消费税问题

提起委托加工应税消费品缴纳消费税的问题，就要讲到受托方（受托方为个人、个体的除外）代扣代缴消费税。

如果受托方有同类消费品的销售价格则按同类消费品的销售价格，如果没有则要用到组价。

组价是组成计税价格的简称，组成计税价格是指在没有实际销售价格时，按照税法规定组成专门用以计算应纳税款的价格。

以下 3 种情况会用到消费税的组价，如图 5-4 所示。

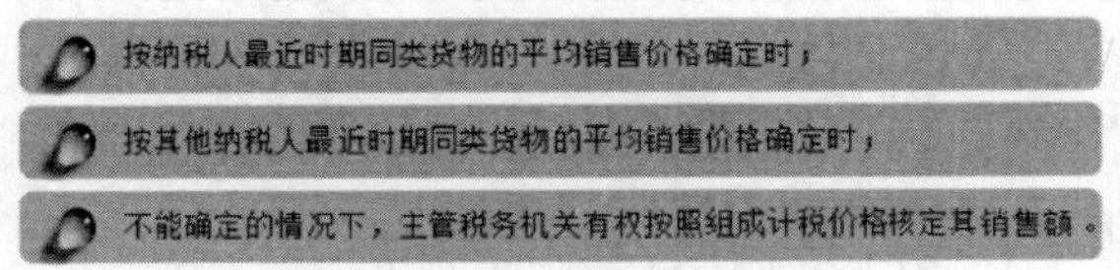

图 5.4　用到消费税的组价的情况

组价公式如下。

（1）从价定率征收的组价公式如下。

组成计税价格=（材料成本+加工费）÷（1-消费税比例税率）

（2）复合计税的组成计税价格如下。

组成计税价格=（材料成本+加工费+委托加工数量×定额税率）÷（1-消费税比例税率）

（3）进口货物的组价公式如下。

组成计税价格=（关税完税价格+关税）÷（1-消费税比例税率）。

（4）进口卷烟消费税的组成计税价格公式如下。

组成计税价格=（关税完税价格+关税+消费税定额税）÷（1-消费税比例税率）

小贴士

先用 36%的税率进行组价，求出卷烟每标准条的单价，判断消费税税率，用得出的税率第二次组价。

委托加工缴纳消费税如表 5.2 所示。

表 5.2 委托加工缴纳消费税

	委托方	受托方
委托加工关系的条件	提供原料和主要材料	收加工费和代垫辅料
消费税纳税环节	提货时受托方代收代缴（受托方为个人、个体的除外）	交货时代收代缴委托方消费税款
代收代缴后消费税的相关处理	1. 用于直接出售的不再纳消费税 2. 用于连续加工，在出厂环节仍需缴纳消费税，按当期生产领用量，准予扣除委托加工收回的应税消费品的已纳税款	缴纳税款

5.5.3 跟浩子一起算一算

杨会计给浩子找出几道例题，让浩子做。

【例 6】甲企业委托乙企业加工一批羽毛球拍，甲企业提供原材料 40 000 元，支付加工费 3 000 元，乙企业代垫辅助材料 2 000 元。已知消费税率为 10%，乙企业无同类产品，计算乙企业代扣代缴的消费税。

计算步骤如下。

第 1 步　适用税率：消费税税率为 10%。

第 2 步　计算组价。

（40 000+2 000+3 000）÷（1-10%）=50 000（元）。

第 3 步　计算应纳消费税。

50 000×10%=5 000（元）。

答案：乙企业代扣代缴的消费税为 5 000 元。

【例 7】接上例，甲方企业把委托加工的消费品用于连续生产羽毛球拍。当月领用一半。生产的羽毛球拍销售 40 000 元（不含税），计算本月甲企业应纳消费税。

计算步骤如下。

第 1 步　适用税率：消费税税率为 10%。

第 2 步　可抵扣税额：2 500 元。

分析：本月乙企业代扣代缴的消费税为 5 000 元，本月领用一半为 2 500 元，所以可以抵扣消费税 2 500 元。

第 3 步　应纳税额：40 000×10%-2 500=1 500（元）。

答案：所以本月甲企业应纳消费税为 1 500 元。

5.6　穿金戴银，“贵气”消费税

杨会计　明白了吗？浩子，现在送礼买的这些东西都是要缴纳消费税的，就是缴多缴少的问题。

浩　子　明白了，对了，前两天，我妈妈买了一条金项链，也是消费品，那需不需要缴消费税呀？

杨会计　这样，我给你说说金银首饰这一类特殊的消费品。然后，你再自己判断。

5.6.1　金银珠宝首饰的消费税

税法中本税目征收范围包括：各种金银珠宝首饰和经采掘、打磨、加工的各种珠宝玉石。

金银珠宝首饰包括：凡以金、银、白金、宝石、珍珠、钻石、翡翠、珊瑚、玛瑙等贵重稀有物质及其他金属、人造宝石等制作的各种纯金银首饰及镶嵌首饰。

在消费税中金银首饰是比较特殊的消费品，它在零售环节征收消费税。另外，金银首饰以旧换新是用实际支付的货款作为销售额计算增值税，那也就是用新的金银首饰的价格减去旧的首饰的价格。消费税的计算依据与增值税相同。

按5%征收消费税的范围仅限于金、银和金基、银基合金首饰，以及金、银和金基、银基合金的镶嵌首饰。其他贵重首饰和珠宝玉石按10%在生产环节征收。

税法规定，金银首饰的计税依据如图5.5所示。

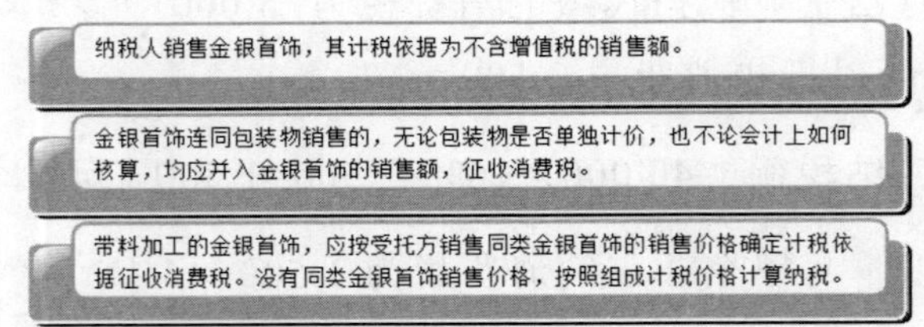

图5.5 金银首饰的计税依据

组成计税价格的计算公式如下。

组税价格=（材料成本+加工费）/（1-金银首饰消费税税率）。

纳税人采用以旧换新方式销售的金银首饰，应按实际收取的不含增值税的全部价款确定计税依据征收消费税。

5.6.2 金银珠宝首饰的消费税计算

浩　子 原来买金项链也要缴纳消费税，就是税率有所区别。

【例8】A企业销售金项链，不含税销售额为400万元。同时A企业收回旧金项链价格为120万元。同时发生清洗收入2万元。计算A企业应纳消费税。

计算步骤如下。

第1步　适用税率：金银首饰消费税税率为5%。

第2步　销售额：400-120=280（万元）。

分析：金银首饰加工是消费税的征税范围，但不包括修理、清洗业务。

第 3 步　应纳消费税：280×5%=14（万元）。

答案：A 企业应纳消费税 14 万元。

（1）生产、批发、零售单位用于馈赠、赞助、集资、广告、样品、职工福利等方面的金银首饰，应按纳税人销售同类金银首饰的销售价格确定计税依据征收消费税；没有同类金银首饰销售价格的，按照组税价格计算。

（2）组税价格=购进原价×（1+利润率）/（1-金银首饰消费税税率）

（3）金银首饰消费税改变纳税环节后，用已税珠宝玉石生产的镶嵌首饰，在计税时一律不得扣除已缴纳的消费税。

（4）对改变征税环节的，商业零售企业销售以前年度库存的金银首饰，按调整后的税率照章征收消费税。

小贴士

金银首饰加工是消费税的征税范围。加工包括带料加工、翻新改制、以旧换新等业务，但不包括修理、清洗业务。

5.6.3 消费税的出口退税解答及实例

杨会计 对了，最后给你总结一下消费税的出口退税的问题吧。

消费税的退税率（额）就是该应税消费品消费税的征税率（额）。企业出口不同税率的应税消费品，须分别核算、申报，按各自适用税率计算退税额；否则，只能从低适用税率退税。

有进出口经营权的外贸企业和生产企业的消费税退免税，如表 5.3 所示。

表 5.3 有进出口经营权的外贸企业和生产企业的消费税退免税

序号	项目名称	有进出口经营权的外贸企业	有进出口经营权的生产企业
1	出口退（免）消费税政策	又免又退：有出口经营权的外贸企业	只免不退：有出口经营权的生产性企业。 不免不退：除生产企业、外贸企业外的一般商贸企业
2	退税计算	只有外贸企业出口应税消费品，才有退采购环节消费税 应退消费税＝出口货物工厂销售额（不含增值税）×退税率	无

续表

序号	项目名称	有进出口经营权的外贸企业	有进出口经营权的生产企业
3	退关退货及视同销售	外贸企业出口应税消费品后发生退关或退货：必须及时补缴已退消费税	生产企业直接出口应税消费品发生退关或退货 暂不补缴消费税，待转作内销后再补缴消费税，视同内销

【例 9】（2016 年）位于北京市区的某化妆品生产企业，为增值税一般纳税人（该企业取得了出口经营权），化妆品最高售价为 0.15 万元/箱，平均售价为 0.11 万元/箱，成套化妆品售价为 0.25 万元/套，均为不含税售价。11 月发生下列经济业务。

（1）11 月购进业务：从国内购进生产用原材料，取得增值税专用发票，注明价款 500 万元、增值税 85 万元，支付购货运费 40 万元，运输途中发生合理损耗 2%；从国外进口一台检测设备，关税完税价格为 46 万元，关税税率为 20%。

（2）11 月产品、材料领用情况：在建的职工文体中心领用外购材料，购进成本为 24.65 万元，其中包括运费 4.65 万元；生产车间领用外购原材料，购进成本为 150 万元；下属宾馆领用为本企业宾馆特制的化妆品，生产成本为 10 万元。

（3）11 月销售业务：内销化妆品 1700 箱，取得不含税销售额 200 万元；销售成套化妆品，取得不含税销售额 100 万元，其中包括护发产品 10 万元，发生销货运费 40 万元；出口化妆品取得销售收入 500 万元人民币；出口护发品取得销售收入 150 万元人民币。

假设化妆品和护发品的出口退税率为 13%，本月发生的运费均取得货运发票，取得的相关凭证符合税法规定。企业在当月办理抵扣，手续齐全。

根据上述资料，计算以下问题。

（1）11 月该化妆品厂增值税进项税额为（　　）万元。

（2）11 月该化妆品厂增值税销项税额为（　　）万元。

（3）11 月该化妆品厂应退增值税为（　　）万元。

（4）11 月该化妆品厂应纳消费税为（　　）万元。

计算步骤如下。

第 1 步　计算可以抵扣的进项税和销项税。

业务（1）：增值税的进项税：85+40×7%＝87.8（万元）。

进口关税：46×20%＝9.2（万元）。

进口增值税：（46＋9.2）×17%＝9.38（万元）。

业务（2）：将购进材料用于在建工程，不可以抵扣进项税，应做进项税转出。

计算进项税转出。

（24.65－4.65）×17%＋4.65÷（1－7%）×7%＝3.75（万元）。

宾馆领用自产化妆品，属于视同销售，要缴纳增值税和消费税。

计算消费税。

10×（1+5%）÷（1－15%）×15%＝1.85（万元）。

销货运费可以抵扣的进项税：40×7%＝2.8（万元）。

计算 11 月份企业的进项税。

87.8+9.38－3.75+2.8＝96.23（万元）。

答案：可以抵扣的进项税为 96.23 万元。

第 2 步　计算 11 月该化妆品厂增值税销项税额。

分析：宾馆领用自产化妆品，属于视同销售，要缴纳增值税和消费税。

增值税销项税额计算如下。

10×（1+5%）÷（1－15%）×17%＝2.1（万元）。

业务（3）增值税销项税额：200×17%+100×17%＝51（万元）。

销项税额合计。

2.1＋51＝53.1（万元）。

答案：　11 月化妆品厂销项税额为 53.1 万元。

第 3 步　计算 11 月该化妆品厂应退增值税。

当期应纳增值税＝当期内销货物的销项税额－（当期进项税额－当期免抵退税不得免征和抵扣的税额）。

计算应纳增值税。

53.1－[96.23－（500+150）×（17%－13%）]＝－17.13（万元）。

计算免抵退税额。

（500+150）×13%＝84.5（万元）。

分析：比较 17.13 和 84.5 的大小，金额较小的就是应退增值税。

答案：应退增值税 17.13 万元。

第 4 步　11 月该化妆品厂应纳消费税。

由于有进出口经营权的生产企业出口消费税只免不退，所以出口不计消费税。

消费税计算如下。

10×（1+5%）÷（1－15%）×15%＝1.85（万元）。

小贴士

生产企业出口应税消费品，增值税又免又退（适用免抵退方法），消费税只免税不退税。

5.7　每章小练

1. 纳税人自产的应税消费品用于以下几个方面，应按纳税人同类应税消费品的最高销售价格作为计税依据（　　）。

A. 对外捐赠　　B. 投资入股

C. 抵偿债务　　D. 换取生产资料和消费资料

E. 自产自用消费品

答案：BCD

2. 北京某卷烟厂 2013 年 4 月 1 日销售卷烟 100 箱，每箱含税零售价 12 000 元，下列陈述不正确的是（　　）。

A. 非标准条包装卷烟应当折算成标准条包装卷烟的数量，依其实际销售收入计算确定其折算成标准条包装后的实际销售价格，并确定适用的比例税率

B. 卷烟从价定率计税办法的计税依据为调拨价格或核定价格

C. 假如税务机关针对该类卷烟倒算核定的计税价为 10 800 元/箱，则该烟厂销售的卷烟计税价应为该核定价格

D. 不进入交易中心和交易会交易、没有调拨价格的卷烟，应由税务机关按其零售价倒算一定比例的办法核定计税价格

E. 实际售价高于核定价格的，按实际售价计算消费税；实际售价低于核定价格的，按核定价格计算消费税

答案：A

3. 据消费税的有关规定，下列纳税人自产自用应税消费品不缴纳消费税的是（　　）。

A. 炼油厂用于本企业基建部门车辆的自产汽油

B. 汽车厂用于管理部门的自产汽车

C. 日化厂用于交易会样品的自产化妆品

D. 卷烟厂用于生产卷烟的自制烟丝

答案：D

解析：自产应税消费品用于连续生产应税消费品的，不缴纳消费税。

4. 下列可以扣除外购应税消费品已纳消费税的是（　　）。

A. 外购已税润滑油生产并销售的润滑油

B. 外购已税汽车轮胎生产并销售的小汽车

C. 外购酒精生产并销售的白酒

D. 外购护肤护发品生产并销售的化妆品

答案：A

解析：选项 B 中外购的已税汽车轮胎和小汽车不属于同一税目；选项 C 错误是因为自 2001 年 5 月 1 日起，停止执行外购酒精生产的白酒允许扣除外购酒精已纳的消费税税款；选项 D 中护肤、护发品不属于应税消费品。

5.8 经验总结

消费税的主要目的是为了调节消费趋势，让人们理性消费。因此在设置时并不针对所有商品。

2013 年的“两会”上，财政部正会同税务总局积极研究制定扩大消费税征税范围的改革方案，拟将部分过度消耗资源、严重污染环境的产品（即高耗能、高污染，以下简称“双高”产品）和部分高档消费品纳入消费税的征税范围，并且面临高税率，这样可以促进绿色产品的生产和销售。

CHAPTER

6 营业税改征增值税

“让你打探消息，打探得怎么样了？”浩子刚推开办公室的门，侯经理就紧跟着问。浩子耷拉着脑袋说：“杨会计一给我讲跟消费税有关的知识，我就把‘送礼’的事给忘脑门后了。”“要不您送杨会计一套房子吧！”浩子想了想开玩笑地说。侯经理一听就跳起来了：“我倒是想送呢，我得挣够那些钱呀！你也知道咱们公司刚成立没多久，哪儿有那么多钱。这样吧！一会下班，你打电话叫上杨会计，咱们一起去吃饭，就说我请客。”

6.1 简单介绍营改增

杨会计 呦！侯经理，什么时候开起奥迪了，看来你是发达致富奔小康了！

杨会计调侃地说着，逗得浩子哈哈笑，但是侯经理不以为然。

侯经理 什么奥迪不奥迪的，不过都是交通工具，等公司步入正轨，给你也配辆车。坐好，咱这就出发了。

浩　子 杨会计，趁现在没事，您给我讲点新知识呗！

6.1.1 营改增的征税范围

杨会计 经国务院批准，自 2016 年 5 月 1 日起，在全国范围内全面推开“营改增”试点，建筑业、房地产业、金融业、生活服务业等全部营业税纳税人，纳入试点范围，由缴纳营业税改为缴纳增值税。根据《营业税改征增值税试点实施办法》及相关规定，应税行为包括在我国境内销售应税服务、无形资产和不动产。

销售服务、无形资产或者不动产，是指有偿提供服务、有偿转让无形资产或者不动产，但属于下列非经营活动的情形除外：

（1）行政单位收取的同时满足以下条件的政府性基金或者行政事业性收费。

① 由国务院或者财政部批准设立的政府性基金，由国务院或者省级人民政府及其财政、价格主管部门批准设立的行政事业性收费；

② 收取时开具省级以上（含省级）财政部门监（印）制的财政票据；

③ 所收款项全额上缴财政。

（2）单位或者个体工商户聘用的员工为本单位或者雇主提供取得工资的服务。

（3）单位或者个体工商户为聘用的员工提供服务。

（4）财政部和国家税务总局规定的其他情形。

6.1.2 营改增涉及的税目

1. 销售服务

销售服务,是指提供交通运输服务、邮政服务、电信服务、建筑服务、金融服务、现代服务、生活服务。

（1）交通运输服务，是指利用运输工具将货物或者旅客送达目的地，使其空间位置得到转移的业务活动。包括陆路运输服务、水路运输服务、航空运输服务和管道运输服务。

（2）邮政服务，是指中国邮政集团公司及其所属邮政企业提供邮件寄递、邮政汇兑和机要通信等邮政基本服务的业务活动。包括邮政普遍服务、邮政特殊服务和其他邮政服务。

（3）电信服务，是指利用有线、无线的电磁系统或者光电系统等各种通信网络资源，提供语音通话服务，传送、发射、接收或者应用图像、短信等电子数据和信息的业务活动。包括基础电信服务和增值电信服务。

（4）建筑服务，是指各类建筑物、构筑物及其附属设施的建造、修缮、装饰，线路、管道、设备、设施等的安装以及其他工程作业的业务活动。包括工程服务、安装服务、修缮服务、装饰服务和其他建筑服务。

（5）金融服务，是指经营金融保险的业务活动。包括贷款服务、直接收费金融服务、保险服务和金融商品转让。

（6）现代服务，是指围绕制造业、文化产业、现代物流产业等提供技术性、知识性服务的业务活动。包括研发和技术服务、信息技术服务、文化创意服务、物流辅助服务、租赁服务、鉴证咨询服务、广播影视服务、商务辅助服务和其他现代服务。

（7）生活服务，是指为满足城乡居民日常生活需求提供的各类服务活动。包括文化体育服务、教育医疗服务、旅游娱乐服务、餐饮住宿服务、居民日常服务和其他生活服务。

2. 销售无形资产

销售无形资产，是指转让无形资产所有权或者使用权的业务活动。无形资产，是指不具实物形态，但能带来经济利益的资产，包括技术、商标、著作权、商誉、自然资源使用权和其他权益性无形资产。技术，包括专利技术和非专利技术。自然资源使用权，包括土地使用权、海域使用权、探矿权、采矿权、取水权和其他自然资源使用权。其他权益性无形资产，包括基础设施资产经营权、公共事业特许权、配额、经营权(包括特许经营权、连锁经营权、其他经营权)、经销权、分销权、代理权、会员权、席位权、网络游戏虚拟道具、域名、名称权、肖像权、冠名权、转会费等。

3. 销售不动产

销售不动产，是指转让不动产所有权的业务活动。不动产，是指不能移动或者移动后会引起性质、形状改变的财产，包括建筑物、构筑物等。建筑物，包括住宅、商业营业用房、办公楼等可供居住、工作或者进行其他活动的建造物。构筑物，包括道路、桥梁、隧道、水坝等建造物。

转让建筑物有限产权或者永久使用权的，转让在建的建筑物或者构筑物所有权的，以及在转让建筑物或者构筑物时一并转让其所占土地的使用权的，按照销售不动产缴纳增值税。

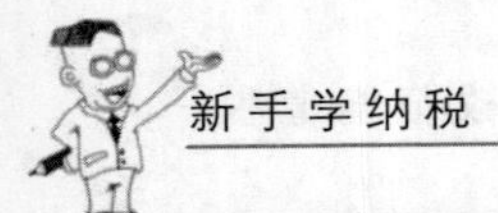

6.2 纳税人和扣缴义务人

在中华人民共和国境内（以下称境内）销售服务、无形资产或者不动产（以下称应税行为）的单位和个人，为增值税纳税人，应当按照《营业税改征增值税试点实施力法》缴纳增值税，不缴纳营业税。单位，是指企业、行政单位、事业单位、军事单位、社会团体及其他单位。个人，是指个体工商户和其他个人。

单位以承包、承租、挂靠方式经营的，承包人、承租人、挂靠人（以下统称承包人）以发包人、出租人、被挂靠人（以下统称发包人）名义对外经营并由发包人承担相关法律责任的，以该发包人为纳税人。否则，以承包人为纳税人。

6.2.1 纳税人的分类

纳税人分为一般纳税人和小规模纳税人。

应税行为的年应征增值税销售额（以下称应税销售额）超过财政部和国家税务总局规定标准的纳税人为一般纳税人，未超过规定标准的纳税人为小规模纳税人。

年应税销售额超过规定标准的其他个人不属于一般纳税人。年应税销售额超过规定标准但不经常发生应税行为的单位和个体工商户可选择按照小规模纳税人纳税。年应税销售额未超过规定标准的纳税人，会计核算健全，能够提供准确税务资料的，可以向主管税务机关办理一般纳税人资格登记，成为一般纳税人。会计核算健全，是指能够按照国家统一的会计制度规定设置账簿，根据合法、有效凭证核算。

符合一般纳税人条件的纳税人应当向主管税务机关办理一般纳税人资格登记。具体登记办法由国家税务总局制定。除国家税务总局另有规定外，一经登记为一般纳税人后，不得转为小规模纳税人。

中华人民共和国境外（以下称境外）单位或者个人在境内发生应税行为，在境内未设有经营机构的，以购买方为增值税扣缴义务人。财政部和

国家税务总局另有规定的除外。两个或者两个以上的纳税人，经财政部和国家税务总局批准可以视为一个纳税人合并纳税。具体办法由财政部和国家税务总局另行制定。

注意

不同类型的收入要分开核算，如果不分开核算则要从高适用税率。

6.2.2 纳税期限

增值税的纳税期限分别为 1 日、3 日、5 日、10 日、15 日、1 个月或者 1 个季度。纳税人的具体纳税期限，由主管税务机关根据纳税人应纳税额的大小分别核定。以 1 个季度为纳税期限的规定适用于小规模纳税人、银行、财务公司、信托投资公司、信用社，以及财政部和国家税务总局规定的其他纳税人。不能按照固定期限纳税的，可以按次纳税。

纳税人以 1 个月或者 1 个季度为 1 个纳税期的，自期满之日起 15 日内申报纳税；以 1 日、3 日、5 日、10 日或者 15 日为 1 个纳税期的，自期满之日起 5 日内预缴税款，于次月 1 日起 15 日内申报纳税并结清上月应纳税款。

温馨提示

在限缴期最后一天，遇节假日纳税期限方可顺延，除此之外一定要严格按期纳税。

假如 A 企业 2017 年 4 月 5 日（星期五）签收了税务机关送达的《限期缴纳税款通知书》，规定其在 5 天内到税务机关缴纳其 2017 年 3 月的应纳税款。那么 A 企业必须在 4 月 10 日前到税务机关缴纳该笔税款才不会被处罚，一旦超过期限，则税务机关将会对其进行处罚。但 A 企业认为签收《限期缴纳税款通知书》是星期五，而税务机关星期六、星期天都不对外办公，误以为限缴期限从 4 月 8 日（星期一）算起。由于少算了 3 天时间，当 A 企业于 4 月 12 日到税务机关缴纳税款时，A 企业不得不接受税务机关对其做出的处罚。可见，掌握纳税期限的计算很重要。

6.3 纳税地点和纳税义务发生时间

6.3.1 纳税地点

增值税纳税地点为：

（1）固定业户应当向其机构所在地或者居住地主管税务机关申报纳税。总机构和分支机构不在同一县（市）的，应当分别向各自所在地的主管税务机关申报纳税；经财政部和国家税务总局或者其授权的财政和税务机关批准，可以由总机构汇总向总机构所在地的主管税务机关申报纳税。

（2）非固定业户应当向应税行为发生地主管税务机关申报纳税；未申报纳税的，由其机构所在地或者居住地主管税务机关补征税款。

（3）其他个人提供建筑服务，销售或者租赁不动产，转让自然资源使用权，应向建筑服务发生地、不动产所在地、自然资源所在地主管税务机关申报纳税。

（4）扣缴义务人应当向其机构所在地或者居住地主管税务机关申报缴纳扣缴的税款。

6.3.2 纳税义务发生时间

增值税纳税义务、扣缴义务发生时间为：

（1）纳税人发生应税行为并收讫销售款项或者取得索取销售款项凭据的当天；先开具发票的，为开具发票的当天。收讫销售款项，是指纳税人销售服务、无形资产、不动产过程中或者完成后收到款项。取得索取销售款项凭据的当天，是指书面合同确定的付款日期；未签订书面合同或者书面合同未确定付款日期的，为服务、无形资产转让完成的当天或者不动产权属变更的当天。

（2）纳税人提供建筑服务、租赁服务采取预收款方式的，其纳税义务发生时间为收到预收款的当天。

（3）纳税人从事金融商品转让的，为金融商品所有权转移的当天。

（4）纳税人发生本办法第十四条规定情形的，其纳税义务发生时间为服务、无形资产转让完成的当天或者不动产权属变更的当天。

（5）增值税扣缴义务发生时间为纳税人增值税纳税义务发生的当天。

6.4 税收优惠政策

6.4.1 不征收增值税项目

（1）根据国家指令无偿提供的铁路运输服务、航空运输服务，属于《营业税改征增值税试点实施办法》第十四条规定的用于公益事业的服务。

（2）存款利息。

（3）被保险人获得的保险赔付。

（4）房地产主管部门或者其指定机构、公积金管理中心、开发企业以及物业管理单位代收的住宅专项维修资金。

（5）在资产重组过程中，通过合并、分立、出售、置换等方式，将全部或者部分实物资产以及与其相关联的债权、负债和劳动力一并转让给其他单位和个人，其中涉及的不动产、土地使用权转让行为。

6.4.2 税收减免规定

纳税人发生应税行为适用免税、减税规定的，可以放弃免税、减税，依照本办法的规定缴纳增值税。放弃免税、减税后，36 个月内不得再申请免税、减税。纳税人发生应税行为同时适用免税和零税率规定的，纳税人可以选择适用免税或者零税率。

个人发生应税行为的销售额未达到增值税起征点的，免征增值税；达到起征点的，全额计算缴纳增值税。增值税起征点不适用于登记为一般纳税人的个体工商户。

增值税起征点幅度如下:

（1）按期纳税的，为月销售额5000~20000元（含本数）。

（2）按次纳税的，为每次（日）销售额300~500元（含本数）。

起征点的调整由财政部和国家税务总局规定。省、自治区、直辖市财政厅（局）和国家税务局应当在规定的幅度内，根据实际情况确定本地区适用的起征点，并报财政部和国家税务总局备案。

对增值税小规模纳税人中月销售额未达到 2 万元的企业或非企业性单位，免征增值税。2017年12月31日前，对月销售额2万元（含本数）至3万元的增值税小规模纳税人，免征增值税。

6.5 应纳税额的计算

6.5.1 增值税税率

（1）纳税人发生应税行为，除本条第（二）项、第（三）项、第（四）项规定外，税率为6%。

（2）提供交通运输、邮政、基础电信、建筑、不动产租赁服务，销售不动产，转让土地使用权，税率为11%。

（3）提供有形动产租赁服务，税率为17%。

（4）境内单位和个人发生的跨境应税行为，税率为零。具体范围由财政部和国家税务总局另行规定。

增值税征收率为3%，财政部和国家税务总局另有规定的除外。

6.5.2 应纳税额的计算

增值税的计税方法，包括一般计税方法和简易计税方法。一般纳税人发生应税行为适用一般计税方法计税。一般纳税人发生财政部和国家税务总局规定的特定应税行为，可以选择适用简易计税方法计税，但一经选

择，36 个月内不得变更。小规模纳税人发生应税行为适用简易计税方法计税。

1. 一般性规定

一般计税方法的应纳税额，是指当期销项税额抵扣当期进项税额后的余额。应纳税额计算公式：

应纳税额=当期销项税额－当期进项税额

当期销项税额小于当期进项税额不足抵扣时，其不足部分可以结转下期继续抵扣。销项税额，是指纳税人发生应税行为按照销售额和增值税税率计算并收取的增值税额。销项税额计算公式：

销项税额=销售额×税率

一般计税方法的销售额不包括销项税额，纳税人采用销售额和销项税额合并定价方法的，按照下列公式计算销售额：

销售额＝含税销售额÷（1+税率）

进项税额，是指纳税人购进货物、加工修理修配劳务、服务、无形资产或者不动产，支付或者负担的增值税额。下列进项税额准予从销项税额中抵扣：

（1）从销售方取得的增值税专用发票（含税控机动车销售统一发票，下同）上注明的增值税额。

（2）从海关取得的海关进口增值税专用缴款书上注明的增值税额。

（3）购进农产品，除取得增值税专用发票或者海关进口增值税专用缴款书外，按照农产品收购发票或者销售发票上注明的农产品买价和 13%的扣除率计算的进项税额。计算公式为：进项税额=买价×扣除率。

买价，是指纳税人购进农产品在农产品收购发票或者销售发票上注明的价款和按照规定缴纳的烟叶税。

从境外单位或者个人购进服务、无形资产或者不动产，自税务机关或者扣缴义务人取得的解缴税款的完税凭证上注明的增值税额。纳税人取得的增值税扣税凭证不符合法律、行政法规或者国家税务总局有关规定的，其进项税额不得从销项税额中抵扣。增值税扣税凭证，是指增值税专用发票、海关进口增值税专用缴款书、农产品收购发票、农产品销售发票和完税凭证。纳税人凭完税凭证抵扣进项税额的，应当具备书面合同、付款证明和境外单位的对账单或者发票。资料不全的，其进项税额不得从销项税额中抵扣。

2. 不得从销项税额中抵扣的进项税额

（1）用于简易计税方法计税项目、免征增值税项目、集体福利或者个人消费的购进货物、加工修理修配劳务、服务、无形资产和不动产。其中涉及的固定资产、无形资产、不动产，仅指专用于上述项目的固定资产、无形资产（不包括其他权益性无形资产）、不动产。

（2）非正常损失的购进货物，以及相关的加工修理修配劳务和交通运输服务。

（3）非正常损失的在产品、产成品所耗用的购进货物（不包括固定资产）、加工修理修配劳务和交通运输服务。

（4）非正常损失的不动产，以及该不动产所耗用的购进货物、设计服务和建筑服务。

（5）非正常损失的不动产在建工程所耗用的购进货物、设计服务和建筑服务。纳税人新建、改建、扩建、修缮、装饰不动产，均属于不动产在建工程。

（6）购进的旅客运输服务、贷款服务、餐饮服务、居民日常服务和娱乐服务。

（7）财政部和国家税务总局规定的其他情形。

纳税人适用一般计税方法计税的，因销售折让、中止或者退回而退还给购买方的增值税额，应当从当期的销项税额中扣减；因销售折让、中止或者退回而收回的增值税额，应当从当期的进项税额中扣减。

3. 简易计税方法

简易计税方法的应纳税额，是指按照销售额和增值税征收率计算的

增值税额，不得抵扣进项税额。应纳税额计算公式：

应纳税额=销售额×征收率

简易计税方法的销售额不包括其应纳税额，纳税人采用销售额和应纳税额合并定价方法的，按照下列公式计算销售额：

销售额＝含税销售额÷（1＋征收率）

纳税人适用简易计税方法计税的，因销售折让、中止或者退回而退还给购买方的销售额，应当从当期销售额中扣减。扣减当期销售额后仍有余额造成多缴的税款，可以从以后的应纳税额中扣减。

6.5.3 特殊规定

（1）纳税人兼营销售货物、劳务、服务、无形资产或者不动产，适用不同税率或者征收率的，应当分别核算适用不同税率或者征收率的销售额；未分别核算的，从高适用税率。

（2）一项销售行为如果既涉及服务又涉及货物，为混合销售。从事货物的生产、批发或者零售的单位和个体工商户的混合销售行为，按照销售货物缴纳增值税；其他单位和个体工商户的混合销售行为，按照销售服务缴纳增值税。

（3）纳税人兼营免税、减税项目的，应当分别核算免税、减税项目的销售额；未分别核算的，不得免税、减税。

（4）纳税人发生应税行为，开具增值税专用发票后，发生开票有误或者销售折让、中止、退回等情形的，应当按照国家税务总局的规定开具红字增值税专用发票；未按照规定开具红字增值税专用发票的，不得按照本办法第三十二条和第三十六条的规定扣减销项税额或者销售额。

（5）纳税人发生应税行为，将价款和折扣额在同一张发票上分别注明的，以折扣后的价款为销售额；未在同一张发票上分别注明的，以价款为销售额，不得扣减折扣额。

（6）纳税人发生应税行为价格明显偏低或者偏高且不具有合理商业

目的的，或者发生本办法第十四条所列行为而无销售额的，主管税务机关有权按照下列顺序确定销售额：

① 按照纳税人最近时期销售同类服务、无形资产或者不动产的平均价格确定。

② 按照其他纳税人最近时期销售同类服务、无形资产或者不动产的平均价格确定。

③ 按照组成计税价格确定。组成计税价格的公式为：

组成计税价格=成本×（1+成本利润率）

成本利润率由国家税务总局确定。

不具有合理商业目的，是指以谋取税收利益为主要目的，通过人为安排，减少、免除、推迟缴纳增值税税款，或者增加退还增值税税款。

6.6 每章小练

1. 一般纳税人和小规模纳税人在增值税法上的地位有哪些不同？（　　）

A.一般纳税人可以领购增值税专用发票，而小规模纳税人无权使用增值税专用发票

B.两者纳税期限不同，一般纳税人为 1 个月，小规模纳税人则视销售金额而有不同

C.一般纳税人采用抵扣法缴纳增值税税款，而小规模纳税人不能采用抵扣法

D.小规模纳税人销售货物可由税务机关代开专业发票

答案：ACD

2.某企业为增值税一般纳税人，在生产经营过程中发生如下进项税额，其中（　　）可以按规定从销项税额中进行抵扣。

A.从农户直接购买其自产农产品计算的进项税额

B.从废旧物资经营单位购进废旧物资计算的进项税额

C.购进原材料而取得承运部门开具的运输发票，根据运费计算的进项税额

D.购进原材料，但未按规定取得增值税抵扣凭证

答案：ABC

3.某单位采取折扣方式销售货物，折扣额单独开发票，增值税销售额的确定是（　　）。

A．扣除折扣额的销售额

B．不扣除折扣额的销售额

C．折扣额

D．加上折扣额的销售额

答案：B

4.如果增值税一般纳税人将以前购进的货物以原进价销售，由于没有产生增值额，不需要计算增值税。（　　）

答案：错

6.7　经验总结

增值税是流转税的一种，它是以商品生产和流通、劳务服务等各个流转环节中所产生的增值额作为计税依据而征收的一种税收。经国务院批准，自 2016 年 5 月 1 日起，全部营业税纳税人，由缴纳营业税改为缴纳增值税，这有利于完善增值税制，消除重复征税，促进经济结构优化。

CHAPTER

7 与房有关的税种

“浩子，快来帮我参谋参谋，看看哪个房子好。”侯经理高兴地说。“侯经理要买房子了？”浩子说着开始给侯经理出谋划策。“浩子呀，你知道跟房子有关的税种吗？”侯经理想了想说。“这个我知道，您先等等，我给您拿资料去。”浩子说着一溜烟就出去了。

7.1 房子涉税环节

浩子拿着资料给侯经理。

浩　子 侯经理，您先看看这个。

根据现行税制，目前我国房地产业涉及的税种共有11种(含附加税)，分别是：城市维护建设税与教育费附加、企业所得税、个人所得税、房产税、城镇土地使用税、印花税、土地增值税、契税、耕地占用税等。房地产税收分环节征收，主要有土地使用权取得环节、房地产开发环节、房地产转让环节、房地产保有环节。如图7.1所示。

- 在土地使用权取得环节，要由开发企业缴纳耕地占用税和契税。
- 在房地产开发环节，要由建筑企业缴纳建筑业城市维护建设税与教育费附加，由开发企业缴纳土地使用税。
- 在房地产转让环节，由开发企业缴纳销售不动产城市维护建设税与教育费附加、土地增值税、企业所得税。
- 在房地产保有环节，可能涉及的税种有房产税和土地使用税。

图7.1　房地产税收分环节征收

杨会计 房产税征收时要看处于哪个环节，所以这些内容你一定要记清楚啊。

7.2 房产税的征收范围

杨会计 浩子，今天我就讲讲房产税。

房产税是以房屋为征税对象，按照房屋的计税余值或租金收入，向产权所有人征收的一种财产税。

7.2.1 房产税的纳税义务人

房产税的纳税义务人如图 7.2 所示。

- 产权属国家所有的，由经营管理单位纳税；产权属集体和个人所有的，由集体单位和个人纳税。
- 产权出典的，由承典人纳税；产权所有人、承典人不在房屋所在地的，由房产代管人或者使用人纳税。
- 产权未确定及典租纠纷未解决的，由房产代管人或者使用人纳税。
- 无租使用其他房产的，由房产使用人纳税。
- 外商投资企业、外国企业和组织以及外籍个人，依照《中华人民共和国房产税暂行条例》缴纳房产税。

图 7.2 房产税的纳税义务人

7.2.2 房产税的征税范围

征收房产税是对城市、县城、建制镇和工矿区的房产进行征收，不包括农村的房产。

征收方式分为如下两种。

（1）从价计征，税率为 1.2%。

从价计征的计税依据是房产原值一次减除 10%～30%的扣除比例后的余值。各地扣除比例由当地省、自治区、直辖市人民政府确定。

计算公式：应税房产原值×（1-扣除比例）×1.2%

（2）从租计征，税率为 12%。从租计征以租金为依据。

计算公式：租金收入×12%。

小贴士

对个人按市场价格出租的居民住房，暂按 4%的税率征收房产税。

7.3 房产税的特殊规定

（1）房产联营投资的，房产税计税依据应区别对待。

- 以房产联营投资，共担经营风险的，以房产余值为计税依据计征房产税。
- 以房产联营投资，收取固定收入，不承担经营风险，只收取固定收入的，实际是以联营名义取得房产租金，因此应由出租方按租金收入计征房产税。

【例 1】A 企业 2016 年购入两处房产，2017 年初将一处用于投资联营（收取固定租费，并且不承担联营风险），投资期为 4 年，当年取得固定租费 160 万元。另一处用于投资联营共担风险。该房产余值为 3 000 万元，当地政府规定的减除幅度为 20%，该公司本年应缴纳的房产税为多少万元？

计算步骤如下。

第 1 步　计算联营投资、取得固定收入应缴纳的房产税。

160×12%=19.2（万元）。

第 2 步　计算联营投资、共担风险的房产的房产税。

3 000×（1-20%）×1.2%=28.8（万元）。

第 3 步　计算公司本年应纳房产税。

19.2+28.8=48（万元）。

答案：公司本年应纳房产税为 48 万元。

（2）融资租赁房屋的，以房产余值为计税依据计征房产税。

（3）房屋附属设备和配套设施的计税规定，如图 7.3 所示。

凡以房屋为载体，不可随意移动的附属设备和配套设施，无论在会计核算中是否单独记账与核算，都应计入房产原值，计征房产税。

对于更换房屋附属设备和配套设施的，在将其价值计入房产原值时，可扣减原来相应设备和设施的价值；对附属设备和配套设施中易损坏、需要经常更换的零配件，更新后不再计入房产原值。

图 7.3　房屋附属设备和配套设施的计税规定

（4）居民住宅区内，业主共有经营性的房产应缴纳房产税。

居民住宅区内，业主共有经营性的房产，由实际经营的代管人或使用人缴纳房产税。

- 其中自营的，依照房产原值减除10%～30%后的余值计征。
- 没有房产原值或不能将业主共有房产与其他房产的原值准确划分开的，由房产所在地地方税务机关参照同类房产核定房产原值。
- 出租的，依照租金收入计征。

（5）房产原值中均应包含地价的规定。

从价计征房产税的房产，无论会计上如何核算，房产原值均应包含地价，包括为取得土地使用权支付的价款、开发土地发生的成本费用等。

宗地容积率低于 0.5 的，按房产建筑面积的两倍计算土地面积并据此确定计入房产原值的地价。

说明

宗地容积率为地块上的建筑物总面积与地面面积之比，一般来讲，宗地容积率越高，建筑物越高。高楼大厦的宗地容积率高，多层建筑比高楼大厦小些，别墅比多层建筑小些，平房的最小。

7.4　房产税的优惠政策

房产税的优惠政策如下。

（1）国家机关、人民团体、军队自用的房产免征房产税。但上述免税单位的出租房产及非自身业务使用的生产、营业用房，不属于免税范围。

（2）由国家财政部门拨付事业经费的单位，如学校、医疗卫生单位、托儿所、幼儿园、敬老院、文化、体育、艺术这些实行全额或差额预算管理的事业单位所有的，本身业务范围内使用的房产免征房产税。

（3）宗教寺庙、公园、名胜古迹自用的房产免征房产税。

（4）个人所有非营业用的房产免征房产税。

● 个人所有的非营业用房，主要指居民住房，不分面积多少，一律免征房产税。

● 对个人拥有的营业用房或者出租的房产，不属于免税房产，应照章纳税。

【例 2】公民李华在京有两处房产，一处西二旗原值 160 万元的房产供自己和家人居住，另一处位于沙河原值 85 万元的房产于 2013 年 2 月 1 日出租给张丽居住，按市场价每月取得租金收入 3 200 元。计算李华当年应缴纳的房产税。

计算步骤如下。

第 1 步　用于居住的房屋属于非经营用房，免征房产税。

第 2 步　用于经营的房屋要缴纳房产税，个人出租按 4%的税率计算。

当年租金为 3 200×11=35 200（元）。

应纳房产税 35 200×4%=1 408（元）。

答案：李华当年应缴纳房产税 1 408 元。

（5）对行使国家行政管理职能的中国人民银行总行（含国家外汇管理局）所属分支机构自用的房产，免征房产税。

（6）经财政部批准免税的其他房产如图 7.4 所示。

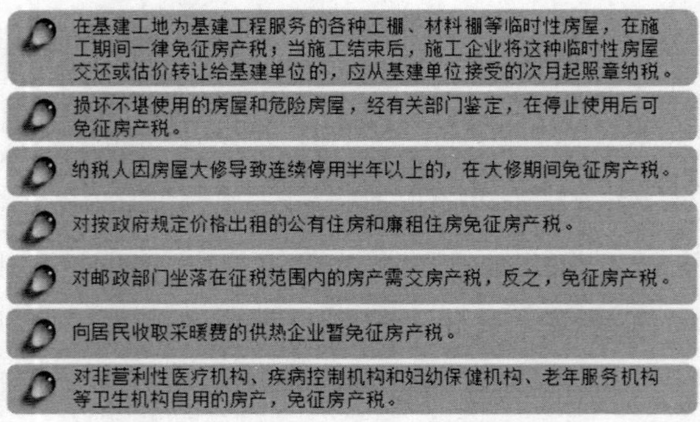

图 7.4　经财政部批准免税的其他房产

侯经理 那我买房子用不用交房产税呢？

浩　子 房产税中规定居民个人住房暂不交纳房产税，有商业用途，取得收入才缴纳。

7.5 土地增值部分的征税范围

浩　子 杨会计，您给我说说这土地增值税吧！

杨会计 土地增值税的纳税义务人是转让国有土地使用权、地上建筑物及其附着物并取得收入的单位和个人。

征税范围包括：转让国有土地使用权；地上建筑物及其附着物连同国有土地使用权一并转让；存量房地产的买卖。土地增值税的征税范围要从行为范围和对象范围两个方面来理解。

首先，从行为范围理解土地增值税的征税范围。土地增值税的征税范围必须具有“国有”、“转让”、“取得收入”3 个关键特征，征收方面可归纳为应征、不征、免征 3 个方面。下面将经常出现的房地产土地增值税的征免问题汇总如表 7.1 所示。

表 7.1　土地增值税的征免

应　征	不　征
（1）转让国有土地使用权，包括出售、交换和赠予 （2）地上的建筑物及其附着物连同国有土地使用权一并转让 （3）存量房地产的买卖 （4）非公益性赠予，征	（1）继承：不征（无收入） （2）赠予：公益性赠予、赠予直系亲属或承担直接赡养义务人，不征 （3）出租不征 （4）房产抵押，抵押期不征；抵押期满偿还债务本息不征；抵押期满，不能偿还债务，而以房地产抵债，征 （5）房产交换，单位之间换房，有收入的，征；个人之间互换自有住房，免征 （6）以房地产投资、联营，房地产（房地产企业除外）转让到投资联营企业，暂免征；将投资联营房地产再转让，征 （7）投资、联营的企业属于从事房地产开发的，或者房地产开发企业以其建造的商品房进行投资和联营的，应当征收土地增值税 （8）合作建房，建成后自用，暂免征；建成后转让，征 （9）兼并转让房地产，免

小贴士

房地产投资土地增值税的征免规则归纳如下。

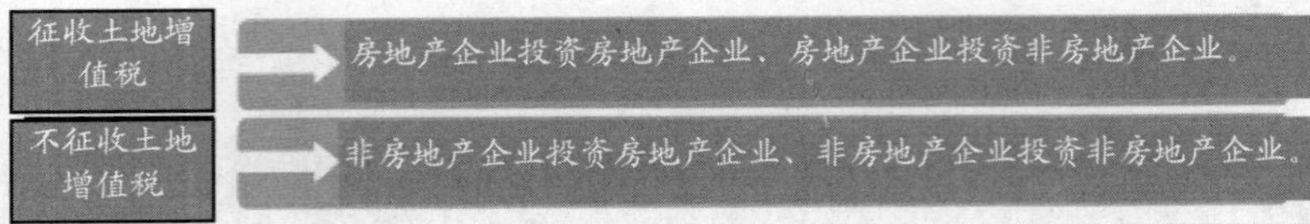

其次，从对象范围来理解土地增值税的征税范围，不仅包括转让土地使用权，也包括连同土地使用权一并转让的地上建筑物和土地附着物。

地上建筑物包括地上、地下的各种附属设施。附着物是指附着于土地上的不能移动或一经移动即遭损坏的物品。

7.6 应税收入的确定

纳税人转让房地产取得的收入，包括转让房地产取得的全部价款及有关的经济利益。

应税收入从形式上看包括货币收入、实物收入和其他收入。非货币收入要折合金额计入收入总额。土地增值税税率如表 7.2 所示。

表 7.2 土地增值税税率

项　目	增值额占扣除项目金额比例	税　率	速算扣除率
1	50%以下（含50%）	30%	0
2	超过50%～100%（含100%）	40%	5%
3	超过100%～200%（含200%）	50%	15%
4	200%以上	60%	35%

7.6.1 新建房产转让时可扣除的项目

新建房产转让时可扣除的项目如图 7.5 所示。

- 取得土地使用权所支付的金额，包括地价款和取得使用权时按国家规定缴纳的费用。
- 房地产开发成本，包括土地征用及拆迁补偿费、前期工程费、建筑安装工程费、基础设施费、公共配套设施费、开发间接费用。
- 房地产开发费用与转让房地产有关的税金以及财政部规定的其他扣除项目。

图 7.5 新建房产转让时可扣除的项目

房地产开发费用的规定如图 7.6 所示。

- 纳税人能按转让房地产项目分摊利息支出并能提供金融机构贷款证明的最多允许扣除的房地产开发费用=利息+（取得土地使用权所支付的金额+房地产开发成本）×5%以内。
- 纳税人不能按转让房地产项目分摊利息支出或不能提供金融机构贷款证明的，最多允许扣除的房地产开发费用=（取得土地使用权所支付的金额+房地产开发成本）×10%以内。
- 房地产开发企业既向金融机构借款，又有其他借款的，其房地产开发费用计算扣除时不能同时适用上述第1、第2项所述两种办法。

图 7.6　房地产开发费用的规定

也就是说，房地产开发企业多渠道借款，部分借款能取得金融机构借款利息证明，但是部分其他借款不能取得金融机构借款证明，用上述公式 1 和公式 2 的方法计算开发费用。

不能把不同借款分开来分别运用公式计算可扣除的开发费用。全部使用自有资金，没有利息支出的房地产开发企业，按照上述方法扣除。

土地增值税清算时，已经计入房地产开发成本的利息支出，应调整至财务费用中计算扣除。

与转让房地产有关的税金如图 7.7 所示。

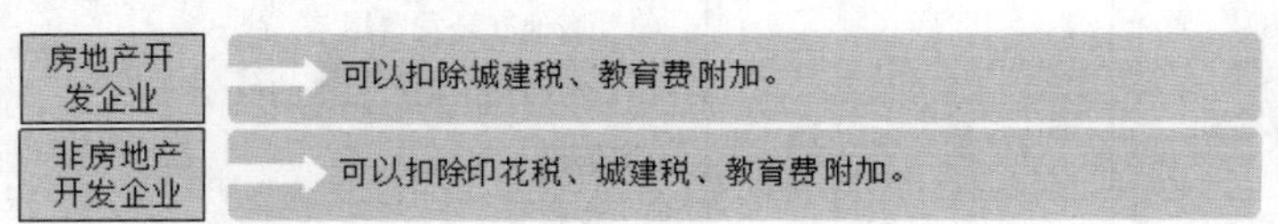

图 7.7　与转让房地产有关的税金

财政部规定的其他扣除项目，具体指从事房地产开发的纳税人，可加计 20%的扣除，加计扣除费用＝（取得土地使用权支付的金额＋房地产开发成本）×20%。

7.6.2　存量房地产可扣除的项目

存量房地产可扣除的项目如图 7.8 所示。存量房一般是指未居住过的二手房，即通常所讲的“库存待售”的房产。

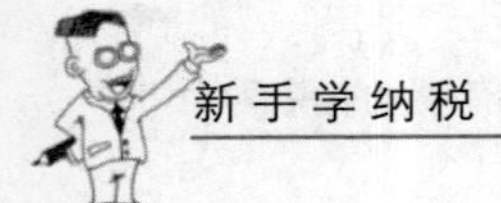

取得土地使用权所支付的金额。

转让房地产有关的税金。

旧房及建筑物的评估价格。

图 7.8　存量房地产可扣除的项目

对上述新建房产转让和存量房地产转让的具体扣除规定，归纳如表 7.3 所示。

表 7.3　房产扣除项目的具体规定

企 业 情 况	转让房地产情况	可扣除项目
房地产开发企业	转让新建房	（1）取得土地使用权所支付的金额 （2）房地产开发成本 （3）房地产开发费用 （4）与转让房地产有关的税金 ①增值税 ②城建税和教育费附加 （5）财政部规定的其他扣除项目（加计扣除） 从事房地产开发的纳税人可加计扣除=（取得土地使用权所支付的金额+房地产开发成本）×20%
非房地产开发企业	转让新建房	（1）取得土地使用权所支付的金额 （2）房地产开发成本 （3）房地产开发费用 （4）与转让房地产有关的税金 ①增值税 ②印花税 ③城建税和教育费附加 （5）财政部规定的其他扣除项目
各类企业	转让存量房	（1）取得土地使用权所支付的金额 （2）房屋及建筑物的评估价格 ①评估价格＝重置成本价×成新度折扣率 ②不能取得评估价格的，按发票所载金额并从购买年度起至转让年度止每年加计5%计算扣除（新增） （3）转让环节缴纳的税金 ①增值税 ②印花税 ③城建税和教育费附加 ④购房时缴纳的契税（按发票每年加计5%的纳税人适用）
各类企业	单纯转让未经开发的土地	1.取得土地使用权所支付的金额 2.转让环节缴纳的税金

7.6.3 计算土地增值额时可扣除税金的具体规定

计算土地增值额时可扣除税金如表 7.4 所示。

表 7.4 计算土地增值额时可扣除的税金

企业	可扣除税金	详细说明
房地产 开发企业	（1）增值税 （2）城建税和教育费附加	（1）销售自行开发的房地产时，计算营业税的营业额为转让收入全额，营业税税率为5% （2）由于印花税（0.5‰）包含在管理费用中，故不能在此单独扣除
非房地产 开发企业	（1）增值税 （2）印花税 （3）城建税和教育费附加	（1）销售自行开发的房地产时计算营业税的营业额为转让收入全额，营业税税率为5%；销售或转让其购置的房地产时，计算营业税的营业额为转让收入减除购置后受让原价后的余额；营业税税率为5% （2）印花税税率为0.5‰。（产权转移书据）

7.6.4 旧房及建筑物的评估价格

旧房及建筑物的评估价格是指在转让已使用的房屋及建筑物时，由政府批准设立的房地产评估机构评定的“重置成本价×成新度折扣率”的价格。如果房屋八成新，那么评估价就是“重置成本价×80%”。

重置成本价是指对旧房及建筑物按转让时的建材价格和人工费用计算，建造同样面积、同样层次、同样结构、同样建设标准的新房及建筑物所需花费的成本费用。

评估价格＝重置成本价×成新度折扣率

杨会计 要想正确地计算土地增值税，一定要记住各种情况下的扣除项目。

浩　子 放心吧！

7.7 土地增值税的计算

7.7.1 计算土地增值额

土地增值额＝转让收入－扣除项目金额

在实际的房地产交易过程中，纳税人有下列情形之一的，则按照房地产评估价格计算征收土地增值税（见图 7.9）。

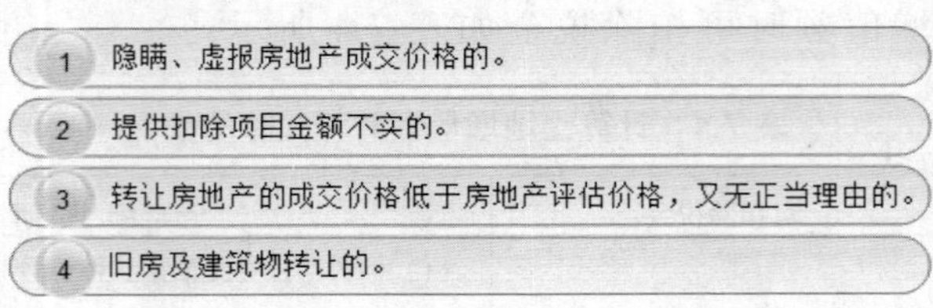

图 7.9　纳税人在房地产交易过程中遇到的情形

7.7.2　计算应纳税额

应纳税额＝增值额×适用税率－扣除项目金额×速算扣除系数

土地增值税的计算步骤如表 7.5 所示。

表 7.5　土地增值税的计算步骤

步　骤	具 体 要 求
第1步	计算扣除项目，注意扣除项目归集时的具体内容
第2步	计算土地增值额，就是收入减去扣除项目
第3步	计算土地增值率，土地增值额/扣除项目；据此选出税率和扣除率
第4步	计算土地增值税应纳税额

杨会计 浩子，讲了这么多，再通过例题给你加深一下记忆。

【例 3】上海的某房地产开发企业新建“梦想家园”商品房一幢，取得销售收入 26 000 万元，已知该公司支付与“梦想家园”商品房相关的土地使用权费及开发成本合计为 6 500 万元；该公司没有按房地产项目计算分摊借款利息；这部分商品房的所在地的省政府规定计征土地增值税时房地产开发费用扣除比例为 10%；销售商品房缴纳的有关税金为 1 000 万元。计算该公司销售该商品房应缴纳的土地增值税。

计算步骤如下。

第 1 步　计算扣除金额：6 500+6 500×10%+1 000+6 500×20%=9 450（万元）。

第 2 步　计算土地增值额：26 000−9 450＝16 550（万元）。

第 3 步　计算增值率：16 550÷9 450×100%=175.13%

查表 7.2 适用税率为第 3 档，税率为 50%、速算扣除率为 15%。

第 4 步　应纳土地增值税：16 550×50%-9 450×15%=6 857.5（万元）

答案：销售该商品房应缴纳的土地增值税为 6 857.5 万元。

浩　子 好复杂呀！都不太会算。

杨会计 这就得靠你平常多练习，熟能生巧嘛！

7.8 缴纳契税

杨会计 凡买房的人都要交契税，它是跟房子密切相关的税种。

7.8.1 契税的计算

契税的纳税义务人是指在我国境内转移土地、房屋权属，承受的单位和个人，包括：土地使用权的出让、转让及房屋的买卖、赠予、交换。

对于转让“房地产”权属的行为，转让方和承受方的纳税情况如表 7.6 所示。

表 7.6　转让房产的纳税情况

转　让　方	承　受　方
（1）增值税（转让无形资产、销售不动产） （2）城建税和教育费附加 （3）印花税（产权转移书据） （4）土地增值税 （5）企业所得税（或个人所得税）	（1）印花税（产权转移书据） （2）契税

契税的计算如下。

（1）税率

契税采用比例税率，并实行 3%～5%的幅度税率。契税应纳税额依照省、自治区、直辖市人民政府确定的适用税率和税法规定的计税依据计算征收。

（2）税额计算

契税的纳税人计算表如表 7.7 所示。

表 7.7　契税的纳税人计算表

征税对象	纳税人	计税依据	税率	计税公式
国有土地使用权出让	承受方	成交价格	3%~5%的幅度内，各省、自治区、直辖市人民政府按本地区实际情况确定	应纳税额=计税依据×税率
土地使用权转让	买方			
房屋买卖	买方			
房屋赠予	受赠方	征收机关参照市场价核定		
房屋交换	付出差价方	等价交换免征契税；不等价交换，依交换价格差额		

契税的纳税申报与缴纳如表 7.8 所示。

表 7.8　契税的纳税申报与缴纳

基本要点	主要规定
纳税义务发生时间	签订合同的当天，或者取得其他具有土地、房屋权属转移合同性质凭证的当天
申报交税期限	合同签订10日内
申报地点	土地、房屋所在地征收机关

7.8.2　房产税的计算实例

【例 4】荣华房地产开发公司 2012 年 3 月受让一宗土地使用权，依据受让合同，支付转让方地价款 9 000 万元，当月办好土地使用证并付清了相关的税费。2012 年 3 月～2013 年 5 月，该房地产开发公司使用受让土地 60%（其余 40%尚未使用）的面积开发建造一栋商务楼并销售一空，根据销售合同统计，共计取得销售收入 19 000 万元。在开发期间，根据建筑承包合同，支付给德业建筑公司的劳务费和材料费共计 6 200 万元，开发销售期间发生了管理费用 700 万元、销售费用 400 万元、利息费用 500 万元（只有 70%能够提供金融机构的证明）。

当地适用的城市维护建设税税率为 5%；教育费附加征收率为 3%；契税税率为 3%；购销合同适用的印花税税率为 0.3‰；产权转移书据适用的印花税税率为 0.5‰。其他开发费用扣除比例为 4%。

要求的 6 种计算如图 7.10 所示。

1 计算该房地产开发公司应缴纳的印花税。

2 计算该房地产开发公司土地增值额时可扣除的地价款和契税。

3 计算该房地产开发公司土地增值额时可扣除的城市维护建设税和教育费附加。

4 计算该房地产开发公司土地增值额时可扣除的开发费用。

5 计算该房地产开发公司销售写字楼应缴纳的土地增值税的增值额。

6 计算该房地产开发公司销售写字楼应缴纳的土地增值税。

图 7.10　要求的 6 种计算

计算步骤如下。

第 1 步　计算该房地产开发公司应缴纳的印花税。

9 000×0.5‰+19 000×0.3‰＝10.2（万元）。

第 2 步　计算该房地产开发公司土地增值额时可扣除的地价款和契税。

9 000×60%+9000×3%×60%=5562（万元）。

第 3 步　计算该房地产开发公司土地增值额时可扣除的城市维护建设税和教育费附加。

19 000×11%×（1+5%+3%）=2257.2（万元）。

第 4 步　计算该房地产开发公司土地增值额时可扣除的开发费用。

500×70%+（5 562+6 200）×4%=820.48（万元）。

第 5 步　计算该房地产开发公司销售写字楼应缴纳的土地增值税的增值额。

19 000−5 562−6 200−2257.2−820.48−（5 562+6 200）×20%=1807.92（万元）。

第 6 步　计算该房地产开发公司销售写字楼应缴纳的土地增值税。

增值率：1807.92÷（19000−1807.92）×100%=10.52%

应缴纳的土地增值税：1807.92×30%=542.38（万元）。

答案同计算结果，略。

7.9 办公、个人两用房，计税区别要分明

浩　子 杨会计，为什么这税一个比一个复杂呀？

杨会计 我这里还有补充的一点资料，你还能接受吗？

浩　子 您还是先给我传过来，等我把那些复杂的计算弄明白了再看。

（1）企业的办公用房和房地产企业开发完成转为自用或出租的，要按规定缴纳城市维护建设税和教育费附加、房产税和土地使用税。

个人所有的非营业用房，不征收房产税和土地使用税，个人出租住房要按规定缴纳城市维护建设税和教育费附加、房产税、个人所得税。

小贴士

个人持有住房已在上海和重庆两地试行开征房产税，如果试点顺利，对个人住房开征房产税也将很快在全国开展。

（2）个人所得税中对个人房屋的规定：个人转让住房，以其转让收入额减除财产原值和合理费用后的余额，为应纳税所得额，按照“财产转让所得”项目缴纳个人所得税。

（3）房产税中对个人房屋的规定：个人所有非营业用的房产，免征房产税。对个人拥有的营业用房或者出租的房产按4%税率计算房产税。

（4）土地增值税中也有对个人房屋的优惠：个人因工作调动或改善居住条件转让原自用房的，依原房产使用时间长短确定免税或减半征税，如表7.9所示。

表7.9　土地增值税中对个人房屋的优惠

居住年限	土地增值税征免政策
不满3年	按规定计税
满3年不满5年的	减半征税
满5年或5年以上的	免征

看到这些内容，浩子可高兴坏了，这以后买房子，心里可就跟明镜似的。

7.10　每章小练

1. 下列各项中，符合房产税法有关规定的有（　）。

A. 对按政府规定价格出租的公有住房和廉租住房，暂免征收房产税

B. 损坏不堪使用的房屋和危险房屋，经有关部门鉴定，在停止使用后免征房产税

C. 在基建工地为基建工地服务的各种工棚等临时性房屋，在施工期间免征房产税

D. 因房屋大修导致连续停用半年以上的，经向税务部门申报，在房屋大修期间免征房产税

E. 老年服务机构出租的房产

答案：ABCD

温馨提示

老年服务机构自用的房产免征房产税，出租的房产按租金缴纳房产税。

2. 房地产开发公司支付的下列相关税费，可列入加计 20%扣除范围的有（　）。

A. 支付建筑人员的工资福利费　B. 占用耕地缴纳的耕地占用税

C. 销售过程中发生的销售费用　D. 开发小区内的道路建设费用

E. 为取得土地使用权支付的金额

答案：ABDE

3. 下列各项中，符合房产税暂行条例规定的有（　）。

A. 将房屋产权出典的，承典人为纳税人

B. 将房屋产权出典的，产权所有人为纳税人

C. 房屋产权未确定的，房屋代管人或使用人为纳税人

D. 产权所有人不在房产所在地的，房产代管人或使用人为纳税人

答案：ACD

4. 房产税依照房产原值一次减除（　）后的余值计算缴纳。

A. 10%~20%　　B. 10%~30%

C. 5%~20%　　D. 5%~30%

答案：B

5. 房产税由房产所在地的（　）负责征收。

A. 财政机关　　B. 国家税务局

C. 地方税务局　　D. 其他机关

答案：C

7.11 经验总结

土地增值税具有征税面广、实行按次征收、以转让房地产的增值额为计税依据，并实行超率累进税率等特点。

土地增值税对国家抑制炒买炒卖土地获取暴利的行为，增加国家财政收入、积累经济建设资金、增强房地产开发和房地产交易市场的调控等方面起到了积极的作用。

CHAPTER

8 城建税及教育费附加

前面提到与房子有关的税种中有城建税及教育费附加，浩子正向杨会计认真请教这个问题呢！

8.1 城建税的税率和计算方法

浩　子 杨会计，与房子有关的税种中的城建税及教育费附加，我在学校都没怎么接触过，就知道城建税的税率是7%。

浩子一大早看见杨会计就迫不及待地问。

杨会计 城建税的税率不仅有7%，还有5%和1%呢！

8.1.1 城建税的税率

城市维护建设税税率表如表8.1所示。

表8.1 城市维护建设税税率表

档　次	纳税人所在地	税　率
1	市区	7%
2	县城、镇	5%
3	不在市、县、城、镇	1%

8.1.2　城建税应纳税额的计算

城建税应纳税额=（实纳增值税税额+实纳消费税税额）×适用税率

【例 1】美佳服装厂为增值税一般纳税人，经营内销与出口业务，位于市区。2013 年 4 月份实际缴纳增值税 45 万元，出口货物免抵税额 8 万元。另外，进口货物缴纳增值税 17 万元、消费税 30 万元。该企业 4 月份应缴纳的城市维护建设税为（　）。

计算步骤如下。

第 1 步　适用税率：市区城建税的税率为 7%。

第 2 步　计税依据：45+8=53（万元）。

第 3 步　计算城市维护建设税：53×7%=3.71（万元）。

分析：进口货物不征城市维护建设税。而当期免抵的增值税税额，应作为城建税和教育费附加的依据。

答案：企业 4 月份应缴纳城市维护建设税 3.71 万元。

8.1.3　征收管理与纳税申报

城建税作为消费税、增值税的附加税，随“三税”的征收而征收，因而纳税义务发生时间与纳税期限与“三税”一致。

（1）代扣代缴、代收代缴消费税、增值税的单位和个人，同时也是城市维护建设税的代扣代缴、代收代缴义务人，其城建税的纳税地点在代扣代收地。

（2）跨省开采的油田，在油井所在地缴纳增值税，同时一并缴纳城建税。

（3）对流动经营等无固定纳税地点的单位和个人，应随同“三税”在经营地按适用税率缴纳。

8.2 城建税的征收方法

浩 子 我明白了，城建税的税率是有区别的。可是在什么情况下才征收城建税呢？

杨会计再三地叮嘱。

城市维护建设税是对从事工商经营，缴纳增值税、消费税的单位和个人征收的一种税，其特点如图 8.1 所示。

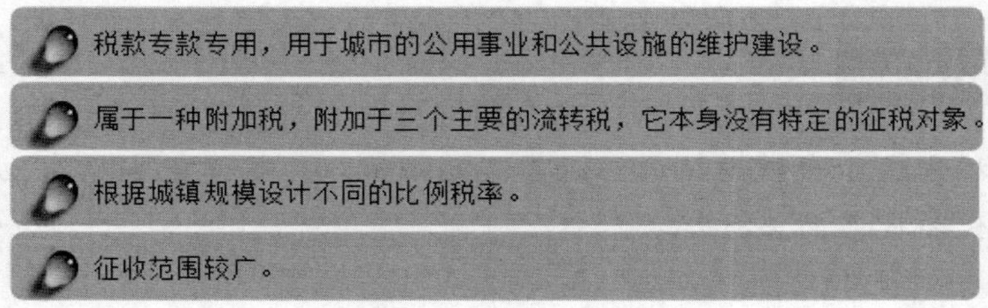

图 8.1 城市维护建设税的特点

城市维护建设税的纳税人是缴纳增值税、消费税的单位和个人，也就是说，只要缴纳了增值税、消费税，就必须缴纳城建税。其计税依据是纳税人实际缴纳的增值税、消费税税额之和。

城市维护建设税的特殊规定：

（1）违反增值税、消费税有关规定，被查补增值税、消费税和被处以罚款时，也要对其未缴的城建税进行补税和罚款。

（2）违反增值税、消费税有关规定，加收的滞纳金和罚款，不作为城建税的计税依据。

（3）增值税和消费税得到减征或免征优惠，城建税也要同时减免征。

（4）经税务总局正式审核批准的当期免抵的增值税税额，应纳入城市维护建设税和教育费附加的计征范围，分别按规定的税率征收城市维护建设税和教育费附加。已按免抵的增值税税额征收的城市维护建设税和教育费附加不再退还，未征的不再补征。

（5）对于因减免税而需进行增值税和消费税退库的，城建税也可同

时退库。比如技术合同免征营业税，当然也免征城建税和教育费附加。

（6）海关对进口产品代征的增值税、消费税，不征收城建税。进口不征，出口不退。

（7）对增值税消费税实行先征后退、先征后返、即征即退办法的，除另有规定外，对随增值税、消费税附征的城建税和教育费附加，一律不予退（返）还。

（8）对国家重大水利工程建设基金免征城市维护建设税。

小贴士

受托方代扣代缴增值税、消费税的纳税人，按受托方所在地适用税率计算代扣代缴的城建税。

【例 2】北京一家卷烟厂委托香河县城的一家卷烟厂加工一批雪茄烟，委托方北京烟厂提供原材料 50 000 元，支付加工费 8 000 元（不含增值税），雪茄烟消费税税率为 36%，这批雪茄烟没有同类产品市场价格。

计算应由香河烟厂代收代缴的城市维护建设税。

计算步骤如下。

第 1 步　确认征税：征消费税，还要运用消费税的组价公式。

（50 000+8 000）/（1－36%）=90 625（元）。

第 2 步　计算消费税：90 625×36%=32 625（元）。

第 3 步　计算城市维护建设税：32 625×5%=1 631.25（元）。

分析：按香河县城的城市维护建设税率计征城市维护建设税。

答案：代收代缴的城市维护建设税为 1 631.25 元。

8.3　教育费附加的征收办法

杨会计 浩子，接下来咱们就看看和城建税联系密切的教育费附加吧。

教育费附加也是一种附加税，它和城建税征收的基础是一样的。它们是一对“兄弟”，有你就有我，一般都同时出现。

有的城市也征收一种地方附加费，一般是“正税”的 2%，还有防洪费等，一般是“正税”的 1%。

教育费附加的征收基础是对缴纳增值税、消费税的单位和个人，就其实际缴纳的税额为计算依据征收的一种附加费，征收比率为 3%。

浩　子 这么说教育费附加是固定税率。

杨会计 嗯，是的。

杨会计 浩子，既然你选择了会计这行业，就一定要细心、细心再细心，要不然很容易犯错。

浩子点点头，下决心，一定不辜负杨会计的期望。

8.4　每章小练

1. 下列各项中，符合城市维护建设税计税依据规定的有（　　）。

A. 偷逃营业税而被查补的税款　B. 偷逃消费税而加收的滞纳金

C. 出口货物免抵的增值税税额　D. 出口产品征收的消费税税额

E. 出口货物缴纳的增值税金

答案：ACDE

分析：城市维护建设税出口不退，进口不征。

2. 位于市区的绿城公司，2017 年 6 月增值税应纳税额为 350 万元，出口货物的“免抵退”税额为 500 万元；将其自行研发的动力节约技术转让给丰盛公司，获得转让收入 100 万元。下列各项中，符合税法相关规定的有（　　）。

A. 该企业应缴纳的营业税为 4 万元

B. 应退该企业增值税税额为 300 万元

C. 该企业应缴纳的教育费附加为 59.5 万元

D. 该企业应缴纳的城市维护建设税为 25.5 万元

E. 该企业应缴纳的营业税为 0 万元。

计算步骤如下。

（1）计算依据：350+500=850（万元）。

分析：出口企业当期免抵的增值税税额应纳入城建税和教育费附加计征范围。

（2）技术转让收入：技术转让收入免征营业税，也不征城市维护建设税与教育费附加。

（3）计算城建税税额：850×7%=59.5（万元）。

（4）计算教育费附加：850×3%=25.5（万元）。

答案：CDE

8.5 经验总结

城市维护建设税可用于补充城市维护建设资金的不足，限制地区或部门对企业的乱摊派，同时，对调动地方政府进行城市维护和建设也起到了很好的推进作用。

城市维护建设税以负有缴纳增值税、消费税和营业税“三税”的单位和个人为纳税义务人。我国在 2010 年 12 月 1 日前对外商投资企业和外国企业的“三税”不征收城建税，但在 2010 年 12 月 1 日以后，对外资企业的“三税”同样征收城市维护建设税。

CHAPTER

9 印花税

“杨会计，工作了这么长时间，您检查检查，看看我哪里有错，我好及时改正。”浩子谦虚地说。“好吧。”杨会计乐意给浩子指点。

9.1 征收范围弄明白

杨会计 知道你哪里弄错了吗？

杨会计把账本放在桌子上严肃地说道。

浩　子 哪里错了呢？

杨会计 你的合同上没粘印花税，被税务局发现是要罚钱的。

浩　子 啊？

杨会计 以后可得长记性。不缴纳印花税是触犯税法的，你会连累公司的。

浩子擦拭着脑门上的汗并不住地点头。

杨会计 现在我给你好好讲讲印花税，你可得认真听呀！

印花税是在经济活动和经济交往中，以书立、领受应税凭证的行为对征税对象征收的一种税。印花税因其采用在应税凭证上粘贴印花税票的方法缴纳税款而得名。其特点是征税范围广、税负从轻、自行贴花纳税和多缴不退不抵。印花税的纳税人包括内、外资企业、各类行政（机关、部队）和事业单位，以及中、外籍个人。

5 种凭证类需贴印花税如图 9.1 所示。

图 9.1　5 种凭证类需贴印花税

9.1.1　经济合同

合同是指当事人之间为实现一定的目的，经协商一致，明确当事人各方权利义务关系的协议。以经济业务活动作为内容的合同，通常称为经济合同。

在税目税率表中列举十大类合同，分别是购销合同、加工承揽合同、建设工程勘察设计合同、建设安装工程承包合同、财产租赁合同、货物运输合同、仓储保管合同、借款合同、财产保险合同、技术合同。

9.1.2　产权转移书据

产权转移即财产权利关系转移的变更行为。产权转移书据是在产权的买卖、交换、继承、赠予、分割等产权主体变更过程中，由产权出让人与受让人之间订立的民事法律的文书。

9.1.3　营业账簿

营业账簿归属于财务会计账簿，是按照财务会计制度的要求设置的反映生产经营活动的账册，包括资金账簿和其他营业账簿两类。

资金账簿是反映生产经营单位“实收资本”和“资本公积”金额增减变化的账簿。其他营业账簿是反映除资金资产以外的其他生产经营活动内容的账簿，即归属于财务会计体系的生产经营用账册。

9.1.4 权利许可证照

权利许可证照是政府授予单位、个人某种法定权利和准予从事特定经济活动的各种证照的统称。

9.1.5 财政部门确定征税的其他凭证

财政部门确定征税的其他凭证要根据财政部门的具体规定来执行。财政部门一般都会列明应该缴纳印花税的具体项目。

杨会计 也就是说，企业或者个人，凡涉及上述业务都要缴纳印花税。

浩子用力地点着头，心想以后可不敢马虎啦！

9.2 印花税率各不同

浩子因为自己工作上的失误，心里很不好受，一个上午都闷闷地耷拉个脑袋。

杨会计 浩子呀！不要想多了，以后吸取教训就是了！我再跟你讲讲印花税的税率。

浩子不好意思地点点头。

各种凭证的印花税税率如表 9.1 所示。

表 9.1 各种凭证的印花税税率

应税凭证类别	税　目	税率形式	纳税人
一、合同或具有合同性质的凭证	1.购销合同	按购销金额的0.3‰计税	立合同人
	2.加工承揽合同	按加工或承揽收入的0.5‰计税	
	3.建设工程勘察设计合同	按收取费用的0.5‰计税	
	4.建筑安装工程承包合同	按承包金额的0.3‰计税	
	5.财产租赁合同	按租赁金额的1‰计税	
	6.货物运输合同	按收取的运输费用的0.5‰计税	
	7.仓储保管合同	按仓储收取的保管费用的1‰计税	

续表

应税凭证类别	税　目	税率形式	纳　税　人
一、合同或具有合同性质的凭证	8.借款合同（包括融资租赁合同）	按借款金额的0.05‰计税	
	9.财产保险合同	按收取的保险费收入的1‰计税	
	10.技术合同	按所载金额的0.3‰计税	
二、书据	11.产权转移书据 包括：土地使用权出让合同、土地使用权转让合同、商品房销售合同、专利权转让合同	按所载金额的0.5‰计税	立据人
三、账簿	12.营业账簿 包括：日记账簿和各明细分类账簿	记载资金的账簿，按实收资本和资本公积的合计的0.5‰计税；其他账簿按件贴花5元	立账簿人
四、证照	13.权利、许可证照 包括：房屋产权证、工商营业执照、商标注册证、专利证、土地使用证	按件贴花5元	领受人

9.3　如何计算印花税

大部分应税凭证都按照“营业收入全额”计算缴纳印花税，余额计税的只有两种情况：货物运输合同和技术合同。

9.3.1　全额计税的合同种类及实例

全额计税的合同种类如下。

（1）购销合同，计税依据为购销金额，是全额计税的合同。

如果是以物易物方式签订的购销合同，计税金额为合同所载的购、销金额合计数，适用税率为0.3‰。

（2）加工承揽合同，计税依据为加工或承揽收入。

如果是由受托方提供原材料的加工、定做合同，凡在合同中分别记载加工费金额与原材料金额的，加工费金额按“加工承揽合同”计税，原

材料金额按“购销合同”计税，两项税额相加数，即为合同应贴印花；

若合同中未分别记载，则就全部金额依照加工承揽合同计税贴花。如果由委托方提供原材料金额的，原材料不计税，计税依据为加工费和辅料，适用税率为 0.5‰。

【例 1】某企业与广告公司签订广告制作合同 1 份，分别记载加工费 8 万元，广告公司提供的原材料 10 万元；计算企业应当缴纳的印花税。

计算步骤如下。

第 1 步　加工合同税率为 0.5‰，广告公司提供原材料按购销合同税率 0.3‰计税。

第 2 步　应纳税额=80 000×0.5‰＋100 000×0.3‰=70（元）。

答案：企业应纳印花税 70 元。

（3）建设工程勘察设计合同，计税依据为勘察、设计收取的费用（即勘察、设计收入），是全额计税的合同。

（4）建筑安装工程承包合同，计税依据为承包金额，不得剔除任何费用，是全额计税的合同。施工单位将自己承包的建设项目分包或转包给其他施工单位所签订的分包合同或转包合同，应以新的分包合同或转包合同所载金额为依据计算应纳税额。

【例 2】SG 建筑公司与爱购企业签订一份建筑承包合同，合同金额为 5 000 万元。施工期间，该建筑公司又将其中价值 1 000 万元的安装工程转包给源力企业，并签订转包合同。计算该建筑公司此项业务应缴纳的印花税。

计算步骤如下。

第 1 步　建筑安装工程承包合同税率为 0.3‰。

第 2 步　SG 建筑公司发生的合同金额为 5 000+1 000=6 000（万元）。

第 3 步　应纳税所得额为 6 000×0.3‰=1.8（万元）。

答案：SG 建筑公司应纳印花税 1.8 万元。

（5）财产租赁合同，计税依据为租赁金额（即租金收入），是全额计税的合同。

小贴士

税额不足 1 元的按照 1 元贴花。财产租赁合同只是规定（月）天租金而不确定租期的，先定额 5 元贴花，在结算时按实际补贴印花。

（6）仓储保管合同，计税依据为仓储保管的费用（即保管费收入），是全额计税的合同。

（7）借款合同，计税依据为借款金额（即借款本金），是全额计税的合同。

借款合同的特殊情况如图 9.2 所示。

凡是一项信贷业务既签订借款合同，又一次或分次填开借据的，只以借款合同所载金额为计税依据计税贴花；凡是只填开借据并作为合同使用的，应以借据所载金额为计税依据计税贴花。

借贷双方签订的流动周转性借款合同，一般按年（期）签订，规定最高限额，借款人在规定的期限和最高限额内随借随还。为避免加重借贷双方的负担，对这类合同只以其规定的最高限额为计税依据，在签订时贴花一次，在限额内随借随还不签订新合同的，不再贴花。

对借款方以财产作抵押，从贷款方取得一定数量抵押贷款的合同，应按借款合同贴花；在借款方因无力偿还借款而将抵押财产转移给贷款方时，应再就双方书立的产权书据，按产权转移书据的有关规定计税贴花。

对银行及其他金融组织的融资租赁业务签订的融资租赁合同，应按合同所载租金总额，暂按借款合同计税。

图 9.2　借款合同的特殊情况

【例 3】北京华梅贸易公司与上海 GF 进出口公司签订购买价值为 6 000 万元的设备合同，为购买此设备向银行签订借款 6 000 万元的借款合同。后来因为价格问题购销合同作废，改签融资租赁合同，租赁费为 800 万元。根据上述情况，计算北京华梅贸易公司应缴纳的印花税额。

计算步骤如下。

第 1 步　购销合同税率为 0.3‰，借款合同税率为 0.05‰。

第 2 步　华梅公司购销合同应纳税额 6 000×0.3‰＝1.8（万元）。

> **注意**
>
> 产生纳税义务的合同作废后不能免税。

第 3 步　借款合同应纳税额＝6 000×0.05‰＝0.3（万元）。

第 4 步　融资租赁合同属于借款合同。

应纳税额＝800×0.05‰＝0.04（万元）。

答案：北京华梅贸易公司应纳税额＝1.8+0.3+0.04＝2.14（万元）。

（8）财产保险合同，计税依据为支付（收取）的保险费金额，是全额计税的合同，但不包括所保财产的金额。

（9）产权转移书据，计税依据为书据中所载的金额，是全额计税的合同。

9.3.2　两种余额计税的合同及实例

两种余额计税的合同如下。

（1）货物运输合同，计税依据为取得的运输费金额（即运费收入），但是不包括所运货物的金额、装卸费和保险费等。

- 国内各种形式的货物联运，凡在起运地统一结算全程运费的，应以全程运费作为计税依据，由起运地运费结算双方缴纳印花税。
- 凡分程结算运费的，应以分程的运费作为计税依据，分别由办理运费结算的各方缴纳印花税。
- 对国际货运，凡由我国运输企业运输的，运输企业（承运方）所持的运费结算凭证，以本程运费计算应纳税额。
- 托运方所持的运费结算凭证，按全程运费计算应纳税额。由外国运输企业运输进出口货物的，运输企业（外方）所持的运费结算凭证免纳印花税，托运方所持的运费结算凭证，应按规定计算缴纳印花税。

【例 4】国内美乐企业和国际运输的远大企业联系运输某货物，美乐企业从北京运到上海，收到运费 8 000 万元，远大企业从上海运到目的地，收到运费 15 000 万元。其中付国外运费 5 000 万元。计算美乐企业、远大企业应纳印花税。

计算步骤如下。

第 1 步　计算美乐企业应纳印花税。

8 000×0.5‰＝4（万元）。

第 2 步　计算远大企业应纳印花税。

15 000×0.5‰＝7.5（万元）。

答案：同计算结果，略。

分析

对国际货运，凡由我国运输企业运输的，运输企业（承运方）所持的运费结算凭证，以本程运费计算应纳税额。

（2）技术合同，计税依据为合同所载的价款、报酬或使用费。技术开发合同研究开发经费不作为计税依据。

9.4　印花税的优惠政策

浩　子 杨会计，印花税也有税收优惠政策吧？

杨会计 你呀！脑袋转得还挺快。

印花税的税收优惠政策如图 9.3 所示。

图 9.3　印花税的税收优惠政策

从税收优惠政策来看，我国制定税收政策时，充分考虑各方面的因素，比如减轻农民负担、发展农业等。

杨会计 对了，浩子，你的账本贴花了吗？

浩　子 贴上了。

杨会计 记载资金的营业账簿，以实收资本和资本公积的两项合计金额为计税依据。凡“资金账簿”在次年度的实收资本和资本公积未增加的，对其不再计算贴花。其他营业账簿，计税依据为应税凭证件数。权利、许可证照类，计税依据也按件数，每件 5 元。千万别忘了啊。

浩　子 放心吧！

杨会计 我再给你讲讲关于印花税的特殊规定吧。

计税金额的特殊规定如下。

（1）同一凭证，载有两个或两个以上经济事项而适用不同税目税率，分别记载金额的，分别计算，未分别记载金额的，按税率高的计税。

（2）按金额比例贴花的应税凭证，未标明金额的，应按照凭证所载数量及国家牌价计算金额；没有国家牌价的，按市场价格计算金额，然后按规定税率计算应纳税额。

（3）应税凭证所载金额为外国货币的，应按照凭证书立当日国家外汇管理局公布的外汇牌价折合成人民币，然后计算应纳税额。

（4）应纳税额不足 1 角的，免纳印花税；1 角以上的，其税额尾数不满 5 分的不计，满 5 分的按 1 角计算。

（5）有些合同，在签订时无法确定计税金额，可在签订时先按定额 5 元贴花，以后结算时再按实际金额计税，补贴印花。

（6）应税合同在签订时纳税义务即已产生，应计算应纳税额并贴花。所以，不论合同是否兑现或是否按期兑现，均应贴花完税。对已履行并贴花的合同，所载金额与合同履行后实际结算金额不一致的，只要双方未修改合同金额，一般不再办理完税手续。

（7）对有经营收入的事业单位，凡属由国家财政拨付事业经费，实行差额预算管理的单位，记载经营业务的账簿，按每件 5 元计税。

（8）商品购销活动中，采用以货换货方式进行商品交易签订的合同，应按合同所载的购、销合计金额计税贴花。

（9）施工单位将自己承包的建设项目，分包或者转包给其他施工单位所签订的分包合同或者转包合同，应按分包或转包合同所载的金额计算应纳税额。

（10）对股票交易征收印花税均依书立时证券市场当日实际成交价格计算金额，由立据双方当事人分别按 1‰的税率缴纳印花税（目前是单边征收）。

（11）对国内各种形式的货物联运，凡在起运地统一结算全程运费的，应以全程运费作为计税依据，由起运地运费结算双方缴纳印花税；凡分程结算运费的，应以分程的运费作为计税依据，分别由办理运费结算的各方缴纳印花税。

（12）对国际货运，凡由我国运输企业运输的，不论在我国境内、境外起运或中转分程运输，我国运输企业所持的一份运费结算凭证，均按本程运费计算应纳税额。

（13）由外国运输企业运输进出口货物的，外国运输企业所持的一份运费结算凭证免纳印花税。

浩　子 嗯，杨会计，这我都知道。

9.5 印花税的贴花与处罚

杨会计 你想问什么问题？

浩　子 就是关于印花税的贴花与处罚，还有印花税的征收管理。

杨会计 好的，接下来讲这部分内容。

9.5.1 自行贴花纳税法

纳税人发生应税行为，应自行计算应纳税额，自行购买印花税票，自行一次贴足印花税票并加以注销或划销，纳税义务才算全部履行完毕。

对于已贴花的凭证，修改后所载金额增加的，其增加部分应当做补贴印花税票，但多贴印花税票者，不得申请退税或者抵用。

9.5.2 汇贴或汇缴纳税法

（1）汇贴或汇缴纳税法一般适用于应纳税额较大或者贴花次数频繁的纳税。

（2）汇贴纳税法是指当一份凭证应纳税额超过 500 元时，应向税务机关申请填写缴款书或者完税凭证。

（3）汇缴纳税法。如果同一种类应税凭证需要频繁贴花的，应向当地税务机关申请按期汇总缴纳印花税。获准汇总缴纳印花税的纳税人，应持有税务机关发给的汇缴许可证。汇总缴纳的期限，由当地税务机关确定，但最长不得超过 1 个月。

9.5.3 违章处罚

（1）在应纳税凭证上未贴或少贴印花税票的或者已粘贴在应税凭证上的印花税票未注销或者未划销的，由税务机关追缴其不缴或者少缴的税款、滞纳金，并处不缴或者少缴的税款 50%以上 5 倍以下的罚款。

（2）对贴用印花税票揭下重用造成未缴或少缴印花税的，由税务机关追缴其不缴或者少缴的税款、滞纳金，并处不缴或者少缴的税款 50%以上 5 倍以下的罚款；构成犯罪的，依法追究刑事责任。

（3）伪造印花税票的，由税务机关责令改正，处以 2 000 元以上 1 万元以下的罚款；情节严重的，处以 1 万元以上 5 万元以下的罚款；构成犯罪的，依法追究刑事责任。

浩　子 不贴税的后果太严重了！杨会计，幸好您发现得及时，要不然我就闯大祸了。

9.6　每章小练

1. 下列哪些合同需要缴纳印花税？（　　）

A. 法律文书　　B. 委托加工合同

C. 出版发行合同　　D. 借款合同

E. 劳动用工合同

答案：BCD

分析：法律、会计、审计等方面的合同不缴纳印花税，劳动用工合同也不征收印花税。

2. 北京某软件开发企业签订了如下经济合同。

一份融资租赁合同，金额为 100 万元。

与天津某公司签订的技术开发合同，合同总金额为 300 万元，其中研究开发费为 100 万元。

计算该企业应缴纳印花税（　　）元。

A. 666　　B. 560　　C. 820

D. 766　　E. 650

答案：E

分析：应缴纳印花税＝100×0.05‰×10 000＋（300－100）×0.3‰×10 000＝650（元）。

3. 2011 年 3 月 1 日，北京某公司将闲置厂房出租给天津某公司，合同约定每月租金为 5 000 元，租赁期未定。签订合同时，预收租金 15 000 元，双方已按定额贴花。6 月底，由于某些原因，合同解除，北京公司收到天津公司补交租金 5 000 元。

计算北京公司 6 月份应补缴印花税（　　）元。

A. 15　　B. 13　　C. 14.5

D. 12.5　　E. 15.5

答案：A

分析：有些合同在签订时无法确定计税金额，可在签订时先按定额 5 元贴花，以后结算时再按实际金额计税，补贴印花税票。

应补缴印花税＝（15 000＋5 000）×1‰－5＝15（元）。

4. 下列关于印花税计税依据的论述中，正确的是（　　）。

A. 对采用易货方式进行商品交易签订的合同，应以易货差价为计税依据

B. 对于由受托方提供辅助材料的加工合同，无论加工费和辅助材料是否分开记载，均以其合计数为计税依据

C. 建筑安装工程承包合同的计税依据是承包总额扣除分包或转包额后的余额

D. 货物运输合同的计税依据是运输费用总额，不含装卸费

答案：C

9.7 经验总结

印花税的初始设计，主要是随着西欧各国的国际贸易和国内经济的

发展而发展的，当时人们在日常生活中使用契约、借贷凭证之类的单据也越来越多。对于这些凭证，根据凭证的经济价值，如果能够征收税收，那么就开辟了一个新的税源，而持有凭证、签订契约的交易双方，也认为凭证单据上如果能够由政府盖个印，成为政府承认的合法凭证，在遇到纠纷、诉讼、争议时就可以有法律保障了。在这种背景下，印花税应运而生。

CHAPTER

10 关税和车船税的缴纳

浩子刚到公司，就听说侯经理要给公司买辆车。浩子兴奋地去找杨会计。

10.1 一辆进口车，税种何其多

浩　子 杨会计，侯经理想给您配辆什么车呀？

杨会计 侯经理那辆没开多久的奥迪给我开。

浩　子 那侯经理要买什么车呢？

杨会计 听说是进口宝马 X6！

浩　子 天呐！那辆车得 200 多万元呢！

杨会计 你知道买一辆进口车要交多少税吗？

浩　子 应该是要交增值税、消费税、关税。在学校里学过的。

杨会计 对。

浩　子 增值税和消费税前面您都讲过，但关税我还不是很清楚，您给我再讲讲关税吧！

关税是海关依法对进出境货物、物品征收的一种税。关税纳税人为进口货物的收货人、出口货物的发货人、进出境物品的所有人。关税的分类如表 10.1 所示。

表 10.1　关税的分类

税　种	分类标准	类　型
关税	按征收对象划分	进口税、出口税和过境税
	按征收目的划分	财政关税和保护关税
	按计征方式划分	从量关税、从价关税、混合关税、选择性关税和滑动关税
	按税率制定划分	自主关税和协定关税
	按差别待遇和特定的实施情况划分	进口附加税、差价税、特惠税和普遍优惠制

提示

海关在收进口关税的同时也征收增值税和消费税。

10.2　关税的完税价格

10.2.1　一般进口货物的完税价格的计量依据

（1）以成交价格为基础的完税价格，计量标准及计算公式如图 10.1 所示。

1. 进口货物的完税价格包括货物的货价、货物运抵我国境内输入地点起卸前的运输及其相关费用、保险费。
2. 进口货物完税价格＝货价＋采购费用（包括货物运抵我国境内输入地点起卸前的运输、保险和其他劳务费用等）。

图 10.1　计量标准及计算公式

（2）关税完税的价格，由买方负担的费用如图 10.2 所示。

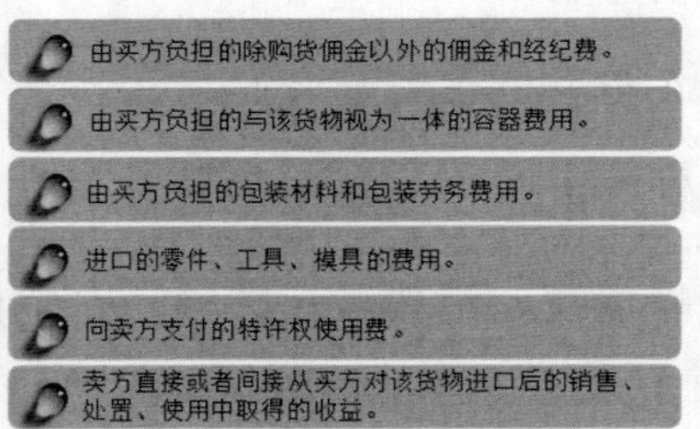

图 10.2　关税完税的价格，由买方负担的费用

小贴士

“购货佣金”指买方为购买进口货物向自己的采购代理人支付的劳务费用。“经纪费”指买方为购买进口货物向代表买卖双方利益的经纪人支付的劳务费用。

（3）不包含在关税完税价格内的因素如图 10.3 所示。

1 厂房、机械、设备等货物进口后的基建、安装、装配、维修和技术服务的费用。

2 货物运抵境内输入地点之后的运输费用。

3 进口关税及其他国内税。

图 10.3 不包含在关税完税价格内的因素

10.2.2 特殊进口货物完税价格的计量依据

加工贸易进口料件及其制成品的规定计量如图 10.4 所示。

- 进口时需征税的进料加工进口料件，以该料件申报进口时的价格估定。
- 内销的进料加工进口料件或其制成品，以料件原进口时的价格估定。
- 内销的来料加工进口料件或其制成品，以料件申报内销时的价格估定。
- 出口加工区内的加工企业内销的制成品，以制成品申报内销时的价格估定。
- 保税区内的加工企业内销的进口料件或其制成品，分别以料件或制成品申报内销时的价格估定。
- 加工贸易加工过程中产生的边角料，以申报内销时的价格估定。

图 10.4 加工贸易进口料件及其制成品的规定计量

10.2.3 运往境外修理的货物完税价格的计量依据

运往境外修理的机械器具、运输工具或其他货物，出境时已向海关报明，并在海关规定期限内复运进境的，应当以海关审定的境外修理费和料件费为完税价格。

10.2.4 运往境外加工的货物完税价格的计量依据

运往境外加工的货物，出境时已向海关报明，并在海关规定期限内复运进境的，应当以海关审定的境外加工费和料件费，以及该货物复运进境的运输及其相关费用、保险费估定完税价格。

10.2.5 予以补税的减免税货物完税价格的计量

减税或免税进口的货物需予补税时，应当以海关审定的该货物原进口时的价格，扣除折旧部分价值作为完税价格，其计算公式如下。

完税价格＝海关审定的该货物原进口时的价格×[1－申请补税时实际已使用的时间（月）/（监管年限×12）]

【例 1】北京一进出口公司，进口一台国家特定免征关税的设备用于研发开发项目，2008 年 6 月 1 日设备进口时，经海关审定的完税价格为 1 200 万元（关税税率为 10%），海关规定的监管年限为 10 年；2013 年 4 月 31 日，公司研发项目完成后，将已计提折旧 600 万元的免税设备出售给国内另一家企业。计算该公司应补缴的关税。

计算步骤如下。

第 1 步　找原价：1 200 万元。

第 2 步　计算计税价格：1 200×[1-60/（10×12）]=600（万元）。

第 3 步　计算关税：600×10%=60（万元）。

答案：该企业应纳关税为 60 万元。

10.2.6　出口货物的完税价格计量依据

出口货物的完税价格由海关以该货物向境外销售的成交价格为基础审查确定，并应包括货物运至我国境内输出地点装载前的运输及其相关费用、保险费。出口货物的完税价格如表 10.2 所示。

表 10.2　出口货物的完税价格

出口货物包括	出口货物不包括
出口货物的完税价格包括货物的货价、货物运至中华人民共和国境内输出地点装载前的运输及其相关费用、保险费	（1）出口关税税额 （2）支付给国外的佣金，如与货物的离岸价格分列，应予扣除；未分列则不予扣除 （3）售价中含离境口岸至境外口岸之间的运费、保险费的，该运费、保险费可以扣除

10.2.7　以一般陆、空、海运方式进口货物运费和保险费的实际支出费用的计算依据

实际支付额无法确定的，应估算其运费和保险费，其中运费按运费率计算；保险费可按照“货价加运费”的 3‰估算。

保险费=（货物价格+运费）×3‰，运费=货物价格×运费率。

【例 2】云峰公司从境外进口 30 辆小轿车，每辆小轿车货价为 35 万元，运抵我国海关前发生的运输费用、保险费用无法确定，经海关查实其他运输公司运输费用占货物价格的比例为 6%。关税税率为 60%。

计算进口环节缴纳的运费、保险费及关税。

计算步骤如下。

第 1 步　计算运费：30×35×6%=63（万元）。

第 2 步　计算保险费：（63+30×35）×3‰=3.339（万元）。

第 3 步　计算关税：（30×35+63+3.339）×60%=669.80（万元）。

答案：进口环节缴纳的运费为 63 万元、保险费为 3.339 万元，关税为 669.80 万元。

10.2.8　以其他方式进口货物的计算依据

邮运进口货物，以邮费作为运输、保险等相关费用；以境外边境口岸价格条件成交的铁路或公路运输进口货物，按货价的 1%计算运输及相关费用、保险费。

出口货物的销售价格如果包括离境口岸到境外口岸之间的运输、保险费的，该运费、保险费，应当扣除。

杨会计 浩子，这下你知道什么项目应该计入关税完税价格了吧。

浩　子 嗯，我明白了。

10.3　购车需交多少税

杨会计 前面也说过增值税和消费税，现在是计算进口货物的增值税和消费税，你好好计算一下。

杨会计说着把例题给了浩子。

进口货物由海关来征收增值税和消费税。

【例 3】现代轿车生产企业为增值税一般纳税人，2012 年 12 月份的生产经营情况如下。

（1）进口汽车配件材料一批，支付给美国厂商买价 240 万元，包装材料 10 万元，到达我国海关以前的运输装卸费为 5 万元、保险费为 15 万元，从海关运往大众厂家所在地支付运输费 10 万元。

（2）进口两台机械设备，支付给日本厂商买价 180 万元，相关税金 5 万元，支付到达我国海关以前的装卸费、运输费 10 万元、保险费 5 万元，从海关运往大众厂家所在地支付运输费 8 万元。

（3）进口的小轿车的关税到岸价格为 150 万元人民币，进口关税税率是 34.2%，消费税率 8%。

其他相关资料：该企业进口汽车配件材料和机械设备的关税税率为 10%。

要求：根据上述资料，按下列序号回答问题，每问需计算出合计数。

（1）计算企业 12 月进口汽车配件材料应缴纳的关税。

（2）计算企业 12 月进口汽车配件材料应缴纳的增值税。

（3）计算企业 12 月进口机械设备应缴纳的关税。

（4）计算企业 12 月进口机械设备应缴纳的增值税。

（5）计算进口轿车应缴纳的关税。

（6）计算进口轿车应缴纳的消费税。

（7）计算进口轿车应缴纳的增值税。

计算步骤如下。

第 1 步　计算企业 12 月进口汽车配件材料应缴纳的关税。

（240+10+5+15）×10%=27（万元）。

第 2 步　计算企业 12 月进口汽车配件材料应缴纳的增值税。

（240+10+5+15）×（1+10%）×17%=50.49（万元）。

第 3 步　计算企业 12 月进口机械设备应缴纳的关税。

（180+5+10+5）×10%=20（万元）。

第 4 步　计算企业 12 月进口机械设备应缴纳的增值税。

（180+5+10+5）×（1+10%）×17%=37.4（万元）。

第 5 步　计算进口轿车应缴纳的关税。

150×34.2%=51.3（万元）。

第 6 步　计算进口轿车应缴纳的消费税。

[（150+150×34.2%）/（1−8%）]×8%＝17.50（万元）。

第 7 步　计算进口轿车应缴纳的增值税。

[（150+150×34.2%）/（1−8%）]×17%=37.20（万元）。

温馨提示

总的来说，进口货物的增值税和消费税的计算，就是购进货物价格+关税，然后按正常的增值税和消费税的计算处理就行了。

浩　子 明白了。杨会计，要是在 4S 店买辆车，怎么算呢？

杨会计 除增值税是价外税，其他的当然都计入采购成本。买的时候还需要缴纳增值税和车辆购置税及车船税，车辆购置税是以在我国境内购置规定车辆为课税对象，在特定的环节向车辆购置者征收的一种税。

【例 4】某公司从 4S 店购入国产汽车一部，购入价为 93.6 万元。计算该公司需要负担的税费。

计算步骤如下。

第 1 步　首先计算公司要负担的增值税：[93.6/（1+17%）]×17%=13.6（万元）。

第 2 步　计算要交的车辆购置税：[93.6/（1+17%）]×10%=8（万元）。

杨会计 另外，除了要交上述所说的税以外，还要交保险和牌照费等。

浩　子　哦，这个我知道。杨会计，您再给我补一补车辆购置税的内容吧。

杨会计　没问题。

第 1 步　车辆购置税的纳税人是指在我国境内购置应税车辆的单位和个人。按车辆取得的方式来划分车辆购置税的纳税人，如图 10.5 所示。

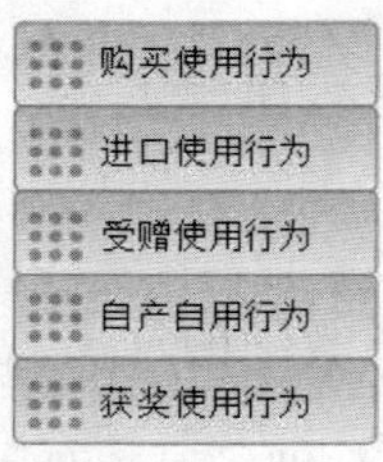

图 10.5　按车辆取得的方式来划分车辆购置税的纳税人

第 2 步　车辆购置税的计税依据：以应税车辆的价格为依据，但由于应税车辆购置的来源不同，计税价格的组成也就不一样。车辆购置税的计税依据的 3 种情况如图 10.6 所示。

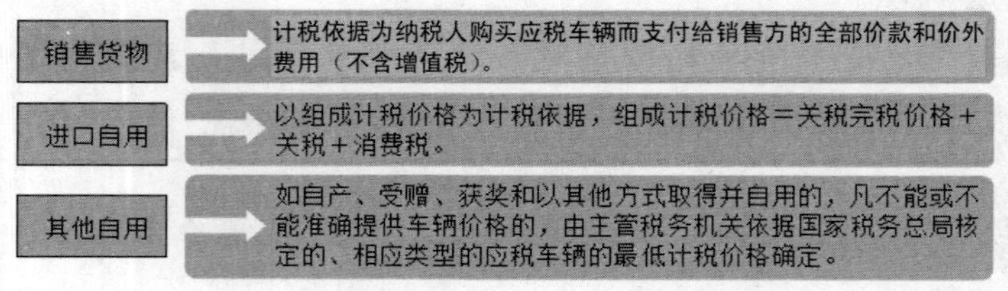

图 10.6　车辆购置税的计税依据的 3 种情况

小贴士

在计算购买自用应税车辆应纳税额时，购买者支付的价费款，应并入计税依据中一并征税。

凡使用委托方票据收取，销售方只履行代收义务和收取代收手续费的款项，一般不应并入计税价格计税。组成计税价格也是进口消费税、增值税的计税依据。

第 3 步　几种特殊情形，应税车辆的最低计税价格规定如下。

对已缴纳并办理了登记注册手续的车辆，其底盘和发动机同时发生更换，其最低计税价格按同类型新车最低计税价格的 70%计算。

免税、减税条件消失的车辆，其最低计税价格的确定方法如下。

最低计税价格＝同类型新车最低计税价格×[1－（已使用年限÷规定使用年限）]×100%。其中，规定使用年限为：国产车辆按 10 年计算；进口车辆按 15 年计算。超过使用年限的车辆，不再征收车辆购置税。

非贸易渠道进口车辆的最低计税价格，为同类型新车最低计税价格。

第 4 步　关于车辆购置税的税收优惠，在符合以下条件时，可以法定减免。

外国驻华使馆、领事馆和国际组织驻华机构及其外交人员自用车辆免税。中国人民解放军和中国人民武装警察部队列入军队武器装备订货计划的车辆免税。设有固定装置的非运输车辆免税。

国务院规定予以免税或者减税的“其他情形”的，按照规定免税或减税。内容如图 10.7 所示。

- 防汛部门和森林消防部门用于指挥、检查、调度、报汛（警）、联络的设有固定装置的指定型号的车辆。
- 回国服务的留学人员，用现汇购买1辆自用国产小汽车。
- 长期来华定居专家的1辆自用小汽车（只减免1辆，如果有2辆，则其中一辆要纳税）。

图 10.7　按照规定免税或减税的情形

第 5 步　需要办理退税时，必须满足如图 10.8 所示的条件。

1. 公安机关车辆管理机构不予办理车辆登记注册手续的，凭公安机关车辆管理机构出具的证明办理退税手续。
2. 因质量等原因发生退回所购车辆的，凭经销商的退货证明办理退税手续。

图 10.8　需办理退税的条件

小贴士

车辆购置税的征收范围包括汽车、摩托车、电车、挂车、农用运输车。如果你有这样的车辆，可不要忘记纳税哟！做守法公民是每个人的义务。

10.4　关税税收优惠

浩　子　杨会计，关税也有优惠政策吧？

杨会计 是的。

关税减免分为法定减免、特定减免、临时减免三种类型。除法定减免税外的其他减免税，均由国务院决定。

减征关税在我国加入世界贸易组织之前以税则规定的税率为基准，在我国加入世界贸易组织之后，以最惠国税率或者普通税率为基准。

给予法定减免关税的货物、物品包括如下内容。

（1）关税税额在人民币50元以下的一票货物，可免征关税。

（2）无商业价值的广告品和货样，可免征关税。

（3）外国政府、国际组织无偿赠送的物资，可免征关税。

（4）进出境运输工具装载的途中必需的燃料、物料和饮食用品，可予免税。

（5）经海关核准暂时进境或者暂时出境，并在6个月内复运出境或者复运进境的货样、展览品、施工机械、工程车辆、工程船舶，以及供安装设备时使用的仪器和工具、电视或者电影摄制器械、盛装货物的容器及剧团服装道具，在货物收、发货人向海关缴纳相当于税款的保证金或者提供担保后，可予暂时免税。

（6）为境外厂商加工、装配成品和为制造外销产品而进口的原材料、辅料、零件、部件、配套件和包装物料，海关按照实际加工出口的成品数量免征进口关税；或者对进口料、件先征进口关税，再按照实际加工出口的成品数量予以退税。

（7）因故退还的中国出口货物，经海关审查属实，可予免征进口关税，但已征收的出口关税不予退还。

（8）因故退还的境外进口货物，经海关审查属实，可予免征出口关税，但已征收的进口关税不予退还。

（9）进口货物如有以下情形，经海关查明属实，可酌情减免进口关税，如图10.9所示。

- 在境外运输中或在起卸时，遭受损坏或者损失的。
- 起卸后海关放行前，因不可抗力遭受损坏或者损失的。
- 海关查验时已经破漏、损坏或者腐烂，经证明不是保管不慎造成的。

图 10.9 减免进口关税的情形

（10）无代价抵偿货物，可以免税。

浩　子 杨会计，您先喝杯水，休息一会，让我先消化消化。

10.5 每年必交车船税

杨会计 浩子呀，关税你也知道得挺多的了，来看看咱们公司买车的票据吧。

浩　子 有增值税发票、车辆购置税发票，咦？还有一张车船税发票，这车船税怎么算呀？

浩子带着疑问向杨会计请教。

（1）车船税的纳税人：在中华人民共和国境内，车辆、船舶（以下简称车船）的所有人或者管理人为车船税的纳税人。

（2）征税范围：在我国车船管理部门登记的车船，包括机动和非机动车船，车船税的税率如表 10.3 所示。

表 10.3 车船税的税率

税　目	计税单位	每年应交税额（元）	补充说明
载客汽车	每辆	60～660	包括电车
载货汽车专项作业车	按自重每吨	16～120	包括半挂牵引车、挂车
三轮汽车低速货车	按自重每吨	24～120	
摩托车	每辆	36～180	
船舶	按净吨位每吨	3～6	拖船和非机动驳船分别按船舶税额的50%计算

浩　子 杨会计，从这张表上看不出来小轿车具体的税额规定啊？

杨会计 这只是一张主表，具体的规定要参考当地税务局发的文件。北京

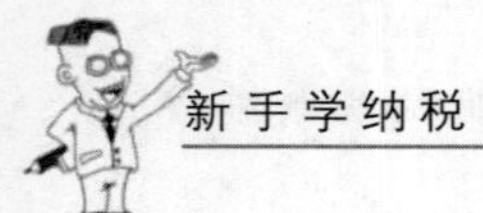

的车船税税额可以参考表10.4。

表10.4　北京的车船税税额表

税　　目		计 税 单 位	每年税额(元)	备　　注
载客汽车	大型客车	每辆	600	包括：电车
	中型客车	每辆	540	
	小型客车	每辆	480	
	微型客车	每辆	300	
载货汽车		按自重每吨	96	包括：半挂牵引车、挂车
专项作业车 轮式专用机械车		按自重每吨	96	
三轮汽车 低速货车		按自重每吨	60	
摩托车		每辆	120	
船舶	净吨位小于或者等于200吨	每吨	3	拖船和非机动驳船分别按船舶税额的50%计算
	净吨位201吨至2 000吨	每吨	4	
	净吨位2 001吨至10 000吨	每吨	5	
	净吨位10 001吨及其以上	每吨	6	

温馨提示

车辆自重尾数在0.5吨以下（含0.5吨）的，按照0.5吨计算；超过0.5吨的，按照1吨计算。船舶净吨位尾数在0.5吨以下（含0.5吨）的不予计算，超过0.5吨的按照1吨计算。1吨以下的小型车船，一律按照1吨计算。

车船税的计税依据是以辆、净吨位、自重吨位为准的。拖船按照发动机功率，每2马力折合净吨位1吨计算征收车船税。

杨会计 浩子，现在会算车船税了吗？

浩　子 当然会了，要不您考考我？

10.6　车船税计算公式

杨会计思考了一会。

杨会计 那就以咱公司为例吧。

10.6.1 计算车船税

购置的新车辆或船舶，应以纳税义务发生的当月起按月计算应纳税额。计算公式如下。

应纳税额＝（年应纳税额/12）×纳税月份数

【例 5】北京猴王公司 2013 年 4 月购入小型客车一辆，计算当年应纳车船税税额。

计算步骤如下。

第 1 步 在北京，小型客车的车船税为 480 元/辆/年。

第 2 步 计算应纳车船税：（480/12）×9=360（元）。

答案：猴王公司当年应纳车船税税额为 360 元。

杨会计 嗯，这次算得很正确。咱们公司的车船税要从 4 月份开始算，不能按一年来算。

浩 子 这个税种，我以前都不会太注意，杨会计，您再给我出个例题，我好熟练熟练。

【例 6】伟业运输公司拥有并使用以下车辆。

（1）农业机械部门登记的拖拉机 7 辆，自重吨位为 5 吨。

（2）自重 8 吨的载货卡车 10 辆。

（3）自重吨位为 6 吨的汽车挂车 5 辆。

当地政府规定，载货汽车的车辆税额为 60 元/吨，计算该公司当年应纳车船税。

计算步骤如下。

第 1 步 农业（农业机械）部门登记为拖拉机的车辆，免征车船税。

第 2 步 卡车应纳税额：8×60×10＝4 800（元）。

第 3 步 车挂车没有优惠的规定，应纳税额：6×60×5＝1 800（元）。

第 4 步　计算公司应纳车船税额：4 800+1 800＝6 600（元）。

答案：伟业运输公司当年应纳车船税为 6 600 元。

浩　子 杨会计，这个题我会算了。关税有特殊的规定和优惠政策，那车船税肯定也有，您给我讲讲呗！

杨会计 好的。

10.6.2　特殊计算

由保险机构代收代缴车船税和滞纳金时，计算依据如下。

购买短期“交强险”的车辆：当年应纳税额＝计税单位×年单位税额×应纳税月份数/12。

已向税务机关缴税的车辆，或税务机关已批准减免税的车辆：减税车辆应纳税额＝减税前应纳税额×（1－减税幅度）。

欠缴车船税的车辆，补缴税款的计算：往年补缴＝计税单位×年单位税额×（本次缴税年度－前次缴税年度－1）。

滞纳金计算：每一年度欠税应加收的滞纳金＝欠税金额×滞纳天数×0.5‰。

10.6.3　车船税的税收优惠政策

（1）法定减免项如图 10.10 所示。

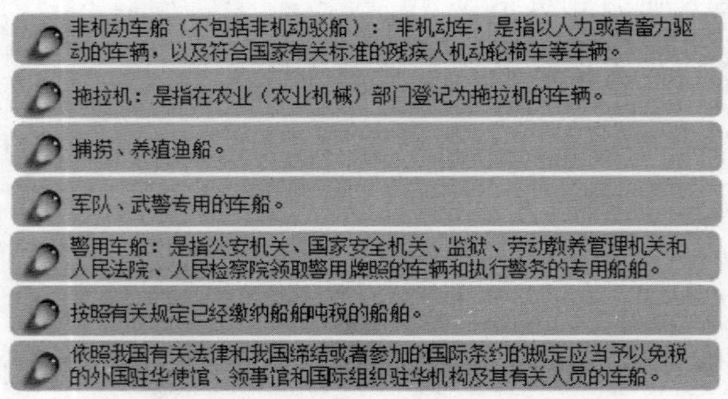

图 10.10　法定减免项

（2）特定减免：对城市、农村公共交通车船给予定期减税、免税。

10.7 每章小练

1. 某企业 2017 年 5 月将一台账面余值为 55 万元的进口设备运往境外修理，当月在海关规定的期限内复运进境。经海关审定的境外修理费为 3 万元、料件费为 4 万元。假定该设备的进口关税税率为 30%，则该企业应缴纳的关税为（　　）万元。

A. 3　　B. 2.1　　C. 6.8　　D. 1.2

答案：B

分析：运往境外修理的机械器具、运输工具或其他货物，出境时已向海关报明，并在海关规定期限内复运进境的，应当以海关审定的境外修理费和料件费为完税价格。本题中加工费和料件费为 3+4=7 万元，关税=7×30%=2.1 万元。

2. 下列各项中，哪些应该计入关税完税价格？（　　）

A. 进口货物的境内运费　　B. 出境修理的加工费

C. 购货佣金　　D. 进口货物的境外保险费

E. 模具费

答案：BDE

3. 下列关于关税的优惠政策，哪些是正确的？（　　）

A. 外国企业赠送的物资免征关税

B. 关税税额在人民币 50 元以下的货物免征关税

C. 途中损失的货物，可酌情减免进口关税

D. 无商业价值的广告品和货样，可免征关税

E. 非因保管不慎原因在海关查验时已经损坏的货物，可酌情减免进口关税

答案：BCDE

4. 下列车船属于法定免税的有（　　）。

A. 专项作业车　　B. 警用车船

C. 非机动驳船　　D. 捕捞、养殖渔船

E. 拖拉机

答案：BDE

10.8 经验总结

目前汽车经销商一般采用自己从厂家或上级经销商购进再销售，以及收取手续费代为销售两种形式进行汽车经销，购买者通过两种不同方式购车所需缴纳的车辆购置税有所不同。

经销商直接销售的情况下，其以自己名义开具机动车销售发票，购买者应按发票金额缴纳车辆购置税；而经销商以收取代理费形式销售的情况下，购买者支付给经销商的手续费可以从车辆购置税的计税价格中扣除。两者相比，支付同样价格，后者对于消费者来说可以减少车辆购置税的支付。

CHAPTER

11 城镇土地使用税和耕地占用税

"杨会计，您来了！"浩子抬起头说，"我家里人要买房子了，我在翻看先前您给我的房产税的资料时，发现其中的城镇土地使用税我还不太了解，您能给我简单讲讲吗？"

11.1 城镇土地使用税的征税范围

杨会计 城镇土地使用税呀！它是个小税种，难怪你不了解呢！

城镇土地使用税的纳税义务人与征税范围如下。

（1）一般规定，纳税义务人为在城市、县城、建制镇、工矿区范围内使用土地的单位和个人。纳税义务人的具体规定如图 11.1 所示。

- 拥有土地使用权的单位和个人，为纳税义务人。
- 拥有土地使用权的单位和个人不在土地所在地的，其土地的实际使用人和代管人为纳税义务人。
- 土地使用权未确定或权属纠纷未解决的，其实际使用人为纳税义务人。
- 土地使用权共有的，共有各方都是纳税义务人，由共有各方分别纳税。

图 11.1 纳税义务人的规定

（2）征税范围，如图 11.2 所示。

- 城镇土地使用税的征税范围，包括在城市、县城、建制镇和工矿区内的国家所有和集体所有的土地。对建立在城市、县城、建制镇和工矿区以外的工矿企业，则不需缴纳城镇土地使用税。
- 公园、名胜古迹内索道公司的经营用地，应缴纳城镇土地使用税。

图 11.2 征税范围

11.2 土地使用税的税率和计税依据

土地使用税的税率和计税依据如下。

（1）税率——有幅度的定额税率，是指该土地所在地段的税率。具体税率可查询各省市的地方规章。

- 城镇土地使用税单位税额有较大差别。最高与最低税额之间相差 50 倍，同一地区最高与最低税额之间相差 20 倍。
- 经济落后地区，税额可适当降低，但降低额不得超过税率表中规定的最低税额的 30%。经济发达地区的适用税额可适当提高，但需报财政部批准。

（2）计税依据——实际占用的土地面积，如图 11.3 所示。

- 以测定面积为计税依据，适用于由省、自治区、直辖市人民政府确定的单位组织测定土地面积的纳税人。
- 以证书确认的土地面积为计税依据，适用尚未组织测量土地面积，但持有政府部门核发的土地使用证书的纳税人。
- 以申报的土地面积为计税依据，适用于尚未核发土地使用证书的纳税人。

图 11.3 计税依据

11.3 应纳税额的计算方法

杨会计 计算城镇土地使用税之前，得先清楚城镇土地使用税的公式。

11.3.1 城镇土地使用税计算实例

城镇土地使用税的计算公式如下。

（全年）应纳税额＝实际占用应税土地面积（平方米）×适用税额

【例 1】荣盛企业生产经营用地分布于某市的三个地域。

（1）第一处的土地使用权属于某免税单位，面积为 4 000 平方米。

（2）第二处的土地使用权属于甲企业，面积为 20 000 平方米，其中企业办学校为 4 000 平方米，医院为 5 000 平方米。

（3）第三处的土地使用权属于甲企业与乙企业共同拥有，面积为 15 000 平方米，实际使用面积各 50%。

假定荣盛企业所在地城镇土地使用税单位税额每平方米为 10 元，则荣盛企业全年应缴纳的城镇土地使用税为（　　）元。

计算步骤如下。

第 1 步　计算第一处土地的城镇土地使用税：4 000×10=40 000（元）。

分析：非免税企业使用免税企业的土地，要缴纳城镇土地使用税。

第 2 步　计算第二处土地的城镇土地使用税。

计税面积：（20 000-4 000-5000）=11 000（平方米）。

城镇土地使用税：11 000×10=110 000（元）。

第 3 步　计算第三处土地的城镇土地使用税。

计税面积：15 000×50%=7 500（平方米）。

城镇土地使用税：7 500×10=75 000（元）。

第 4 步　计算荣盛企业全年应缴纳的城镇土地使用税。

40 000+110 000+75 000=225 000（元）。

答案：荣盛企业全年应缴纳的城镇土地使用税为 225 000 元。

11.3.2　城镇土地使用税的缴税时间

浩　子 杨会计，城镇土地使用税应该什么时候缴呢？

杨会计 城镇土地使用税的缴税时间应视情况而定。

1. 城镇土地使用税的纳税义务发生时间

使用城镇土地，一般是从次月起发生纳税义务，只有新征用耕地是在批准使用之日起满一年时开始纳税。城镇土地使用税纳税义务发生时间如表 11.1 所示。

表 11.1　城镇土地使用税纳税义务发生时间

情　况	纳税义务发生时间
购置新建商品房	房屋交付使用之次月起
购置存量房	房地产权属登记机关签发房屋权属证书之次月起
出租、出借房地产	交付出租、出借房产之次月起
以出让或转让方式有偿取得土地使用权的	应由受让方从合同约定交付土地时间的次月起缴纳城镇土地使用税；合同未约定交付土地时间的，由受让方从合同签订的次月起缴纳城镇土地使用税
新征用的耕地	批准征用之日起满一年时
新征用的非耕地	批准征用次月起
纳税人因土地权利状态发生变化而依法终止土地使用税的纳税义务的	其应纳税款的计算应截至实物或权利发生变化的当月末

2. 城镇土地使用税的税收优惠如图 11.4 所示。

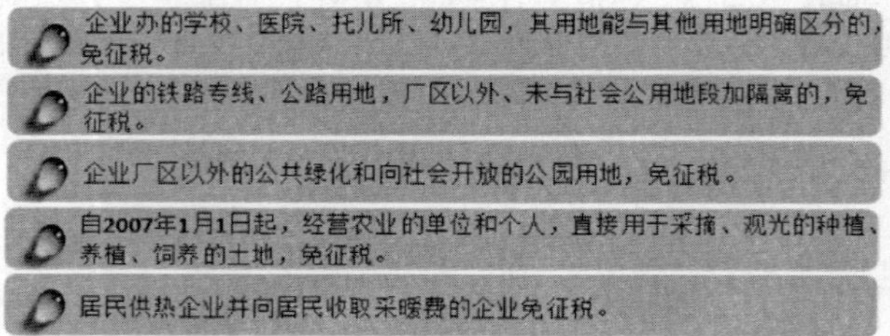

图 11.4　城镇土地使用税的税收优惠

11.4　占用耕地得交税

杨会计 耕地占用税和城镇土地使用税得认真区分，要不然很容易将两者混淆。

浩　子 放心吧！我一定会很认真的。不过，耕地占用税与城镇土地使用税到底如何区分，您再跟给我讲讲呗。

11.4.1　耕地占用税纳税义务人

耕地占用税的纳税人是占用耕地建房或者从事非农业建设的单位或者个人，既包括各类性质的企业、事业单位、社会团体、国家机关、部队及其他单位，也包括个体工商户及其他个人。

11.4.2 征税范围

耕地占用税的征税范围包括用于建房或从事其他非农业建设征（占）用的国家和集体所有的耕地。

耕地包括从事农业种植的土地，如菜地、花圃、苗圃、茶园、果园、桑园等园地和其他种植经济林木的土地及鱼塘。

对于占用已从事种植、养殖的滩涂、草场、水面和林地从事非农业建设，由省、自治区、直辖市确定是否征收耕地占用税。

11.4.3 税率、计税依据和应纳税额的计算

（1）税率。实行地区差别幅度定额税率。人均耕地面积越少，单位税额越高。

（2）计税依据。耕地占用税以纳税人实际占用的耕地面积为计税依据。

（3）税额计算。耕地占用税应纳税额的计算公式如下。

应纳税额=纳税人实际占用的耕地面积×适用税额标准

（4）征收管理与纳税申报。耕地占用税由地方税务机关负责征收。

- 获准占用耕地的单位或者个人，应当在收到土地管理部门的通知之日起 30 日内缴纳耕地占用税。土地管理部门凭耕地占用税完税凭证或者免税凭证和其他有关文件，发放建设用地批准书。
- 临时占用耕地，应先纳税，恢复原状后再退税。
- 建设直接为农业生产服务的生产设施，占用林地等规定的农用地的，不征收耕地占用税。
- 耕地占用税实行地区差别定额税率：每平方米 5～50 元。经济特区、经济技术开发区和经济发达、人均耕地特别少的地区，适用税额可以适当提高，但最多不得超过上述规定税额的 50%。

11.5 应纳税额怎么算

浩　子　我知道了，那么，耕地占用税也是按公式计算的。公式您都说了，我大概也能算出来。

浩子开始在纸上算起来。

11.5.1 耕地占用税应纳税额的计算

【例 2】北京大兴村村民王大牛新建住宅，经批准占用耕地 120 平方米。另外，王大牛建的工厂占用耕地 900 平方米，该地区耕地占用税额为 10 元/平方米，计算村民王大牛应纳耕地占用税。

计算步骤如下。

第 1 步　计算王大牛住宅用地应纳耕地占用税。

由于农村居民占用耕地新建住宅，按照当地适用税额减半征收耕地占用税，所以住宅用地应纳耕地占用税为 120×10×50%＝600（元）。

第 2 步　计算建的工厂用地应纳耕地占用税。

900×10＝9 000（元）。

答案：王大牛共缴纳耕地占用税 9 000+600＝9 600 元。

看浩子算出来的结果，杨会计满意地点点头说：“非常正确。那我就再给你讲讲跟它相关的税收优惠政策吧！”

11.5.2 耕地占用税的税收优惠政策

（1）免征耕地占用税的情况如图 11.5 所示。

图 11.5　免征耕地占用税的情况

（2）减半征收耕地占用税的情况如图 11.6 所示。

铁路线路、公路线路、飞机场跑道、停机坪、港口、航道占用耕地，减按每平方米2元的税额征收耕地占用税。

农村居民占用耕地新建住宅，按照当地适用税额减半征收耕地占用税。

图 11.6　减半征收耕地占用税的情况

11.6　城镇土地使用税和耕地占用税的区别与联系

城镇土地使用税的征收范围：对在城市和县城建制镇等占用国家和集体土地的单位和个人，按使用土地面积定额征收。

耕地占用税的征收范围：在全国范围内对占用农用耕地建房或从事其他非农业建设的单位和个人，按照规定税额一次性征收。

城镇土地使用税和耕地占用税的区别如图 11.7 所示。

- 从二者的性质上分析

前者带有调节土地级差收益的性质，着重调节因地理交通位置不同而形成的土地级差收入，使各种不同的纳税人的收入水平大体均衡。后者带有行为税的性质，着重调节占用耕地的行为。

- 从二者的征税范围分析

前者主要包括城镇范围内使用的一切属于国家和集体所有的土地，而不论是否为农用耕地。后者包括全国范围内建房及其他非农用建设占用的农用耕地。

- 从二者的税款征收形式分析

前者是对使用国家所有土地按年连续征收，而后者是在发生占用耕地行为时一次征收，不再重复征收。

- 从二者税率设计形式分析

前者按城市大小来规定差别税率，大城市最高，中等城市次之，小城市及县城最低，所定税额还与地段的繁荣有关系。后者以县为单位，人均耕地小的地区税率高，反之税率低，主要作用是保护耕地。

图 11.7　城镇土地使用税和耕地占用税的区别

二者的联系：二者相辅相成，互为补充，共同起到减少滥用土地，加强土地管理的作用。

杨会计 好，耕地占用税也讲完了。这学习是没有尽头的。你得经常学习，否则，不了解最新的税费政策和法规，很容易在工作中出错。

浩　子　嗯，我明白了，正所谓学无止境嘛！我一定会努力的。

11.7　本章小练

1. 下列土地属于城镇土地使用税征税范围的有（ ）

A. 城市中属于国有企业的土地

B. 农村中属于私营企业所有的土地

C. 建制镇中属于集体企业所有的土地

D. 城市郊区中属于股份制企业所有的土地

E. 工矿区中属于集体所有的土地

答案：ACDE

解析：城镇土地使用税的征税范围包括在城市、县城、建制镇和工矿区的土地，农村的土地不属于城镇土地使用税的征税范围。

2. 下列各项中，可以免交城镇土地使用税的有（　　）。

A.财政拨付事业经费单位的食堂用地

B.名胜古迹场所设立的照相馆用地

C.公园内设立的影剧院用地

D.宗教寺庙人员的生活用地

答案：AD

解析：宗教寺庙、公园、名胜古迹自用土地免交土地使用税。宗教寺庙、公园、名胜古迹的生产、经营用地和其他用地，不属于免税范围。

3. 土地使用税的缴纳地点规定包括（　　）。

A. 跨省、市、自治区的应税土地，分别在土地所在地纳税

B. 同一省、市、自治区范围跨地区的应税土地纳税地点，由省、市、自治区地方税务局确定

C. 由纳税人选择纳税地点

D. 由当地税务所指定纳税地点

答案：AB

解析：纳税人使用的土地不属于同一省（自治区、直辖市）管辖范围的，应由纳税人分别向土地所在地的税务机关缴纳土地使用税。在同一省（自治区、直辖市）管辖范围内，纳税人跨地区使用的土地，其纳税地点由各省、自治区、直辖市地方税务局确定。

4. 下列情况中应征房产税的有（　　）。

A. 中学教学用房　　　　　　B. 大学出租房屋

C. 大学办的对外营业的招待所　D. 税务机关办公用房

答案：BC

解析：免税单位出租用房及行政事业单位的经营用房都应缴纳房产税。

11.8　经验总结

耕地占用税实行的是在实际占用耕地之前一次性交纳的，与征税机关不存在清算和结算的问题，因此企业按规定交纳的耕地占用税，应作为固定资产价值的组成部分，记入“在建工程”科目，而不通过“应交税费”科目核算。

读者意见反馈表

亲爱的读者：

感谢您对中国铁道出版社的支持，您的建议是我们不断改进工作的信息来源，您的需求是我们不断开拓创新的基础。为了更好地服务读者，出版更多的精品图书，希望您能在百忙之中抽出时间填写这份意见反馈表发给我们。随书纸制表格请在填好后剪下寄到：北京市西城区右安门西街8号中国铁道出版社大众出版中心 王佩 收（邮编：100054）。或者采用传真（010-63549458）方式发送。此外，读者也可以直接通过电子邮件把意见反馈给我们，E-mail地址是：1958793918@qq.com。我们将选出意见中肯的热心读者，赠送本社的其他图书作为奖励。同时，我们将充分考虑您的意见和建议，并尽可能地给您满意的答复。谢谢！

所购书名：________________________

个人资料：

姓名：__________性别：________年龄：________文化程度：__________

职业：______________电话：____________E-mail：____________

通信地址：__________________________邮编：____________

您是如何得知本书的：

□书店宣传 □网络宣传 □展会促销 □出版社图书目录 □老师指定 □杂志、报纸等的介绍 □别人推荐 □其他（请指明）________________________

您从何处得到本书的：

□书店 □邮购 □商场、超市等卖场 □图书销售的网站 □培训学校 □其他

影响您购买本书的因素（可多选）：

□内容实用 □价格合理 □装帧设计精美 □带多媒体教学光盘 □优惠促销 □书评广告 □出版社知名度 □作者名气 □工作、生活和学习的需要 □其他

您对本书封面设计的满意程度：

□很满意 □比较满意 □一般 □不满意 □改进建议

您对本书的总体满意程度：

从文字的角度 □很满意 □比较满意 □一般 □不满意

从技术的角度 □很满意 □比较满意 □一般 □不满意

您希望书中图的比例是多少：

□少量的图片辅以大量的文字 □图文比例相当 □大量的图片辅以少量的文字

您希望本书的定价是多少：

本书最令您满意的是：

1.

2.

您在使用本书时遇到哪些困难：

1.

2.

您希望本书在哪些方面进行改进：

1.

2.

您需要购买哪些方面的图书？对我社现有图书有什么好的建议？

您更喜欢阅读哪些类型和层次的经管类书籍（可多选）？

□入门类 □精通类 □综合类 □问答类 □图解类 □查询手册类 □实例教程类

您在学习计算机的过程中有什么困难？

您的其他要求：